OS PROCESSOS ESPECIAIS DE RECUPERAÇÃO DE EMPRESA E DE FALÊNCIA

NOVA LEGISLAÇÃO

SEMINÁRIO ORGANIZADO PELO CONSELHO DISTRITAL DO PORTO
DA ORDEM DOS ADVOGADOS

OS PROCESSOS ESPECIAIS DE RECUPERAÇÃO DE EMPRESA E DE FALÊNCIA

NOVA LEGISLAÇÃO

Conferências de:

ANTÓNIO FERNANDES DA SILVA
PEDRO MARINHO FALCÃO
ANTÓNIO GRAÇA MOURA

LIVRARIA ALMEDINA
COIMBRA — 1993

Toda a reprodução desta obra, seja por fotocópia ou outro qualquer processo, sem prévia autorização escrita do Editor, é ilícita e passível de procedimento judicial contra o infractor

---

Direitos reservados para todos os países de língua portuguesa pela
LIVRARIA ALMEDINA — COIMBRA — Portugal

SUMÁRIO

O «PROJECTO DO CÓDIGO DOS PROCESSOS ESPECIAIS E RECUPERAÇÃO DA EMPRESA E DE FALÊNCIA» FACE ÀS ACTUAIS TENDÊNCIAS DO DIREITO DE FALÊNCIA — SEU ENQUADRAMENTO NA EVOLUÇÃO HISTÓRICA DO INSTITUTO FALIMENTAR EM PORTUGAL

António Fernandes da Silva — Ex-Síndico da Câmara de Falências do Porto

IMPLICAÇÕES FISCAIS DO NOVO REGIME DOS PROCESSOS ESPECIAIS DE RECUPERAÇÃO DA EMPRESA E DE FALÊNCIA

Pedro Marinho Falcão — Assistente de Direito da Universidade Portucalense

SOBRE A POSIÇÃO DOS CREDORES EM FACE DO PROJECTO DE REFORMA DO DIREITO FALIMENTAR

António Graça Moura — Assistente de Direito da Universidade Portucalense

CONCLUSÕES

NOTA PRÉVIA

O Conselho Distrital do Porto da Ordem dos Advogados organizou, em Novembro de 1992, um seminário sobre «Os Processos Especiais de Recuperação de Empresa e de Falência — Nova Legislação» onde foram feitas várias comunicações sobre o projecto de diploma, então em discussão pública, que, quase sem modificações, deu origem ao Decreto-Lei n.º 132/93, de 23 de Abril.

Dado o interesse e actualidade do tema e a qualidade das comunicações, entendeu o Conselho Distrital justificar-se a divulgação das mesmas.

Na verdade, muitas das soluções que vieram a ser consagradas no diploma vão suscitar, por certo, ampla controvérsia e interpretações díspares que só a prática e a jurisprudência do caso concreto permitirão, progressivamente, ultrapassar.

Os trabalhos que se publicam constituem um primeiro esforço de reflexão sobre algumas dessas questões.

Estamos certos que a publicação irá ter a aceitação que a natureza do tema e a competência dos seus autores bem justificam.

Porto, 28 de Junho de 1993

Conselho Distrital do Porto da Ordem dos Advogados

O «PROJECTO DO CÓDIGO DOS PROCESSOS ESPECIAIS DE RECUPERAÇÃO DA EMPRESA E DE FALÊNCIA» FACE ÀS ACTUAIS TENDÊNCIAS DO DIREITO DE FALÊNCIA — SEU ENQUADRAMENTO NA EVOLUÇÃO HISTÓRICA DO INSTITUTO FALIMENTAR EM PORTUGAL

ANTÓNIO FERNANDES DA SILVA
Procurador da República e Ex-Síndico da Câmara de Falências do Porto

1. Introdução

Reconhecendo que a presente comunicação sempre poderia ficar a ganhar se, à redução da abordagem da matéria titulada, se fizesse corresponder uma análise, ainda que rápida, de algumas das muitas questões pragmáticas que o texto em apreço poderá vir a suscitar ao nível do quotidiano falimentar — nomeadamente no que concerne aos vastos e, não raro, complexos campos da administração da massa falida e da liquidação do activo —, resolvemos, depois de oportuno contacto com os responsáveis por esta organização, ampliar nesse sentido o seu campo de intervenção.

Assim, e num primeiro momento, procuraremos enquadrar o «Projecto do Código dos Processos Especiais de Recuperação da Empresa e de Falência» — doravante designado apenas por «Projecto» — no âmbito das actuais tendências do Direito da Falência, situando-o igualmente na evolução histórica que o instituto falimentar regista no Direito Português.

Para uma segunda parte reservaremos, então, o tratamento de algumas das questões que o diploma suscita ao nível da filosofia que encerra e da disciplina que institui, procurando surpreender-lhe os aspectos que, à luz de um juízo crítico inspirado pela convivência próxima com o regime (ainda) vigente, se afiguram, desde logo, vantajosos e aqueles que, se não inconvenientes, se mostram pelo menos de duvidoso efeito útil.

2. O «Projecto» e as actuais tendências do Direito de Falência. Seu enquadramento na evolução histórica do instituto falimentar em Portugal

2.1. Como sabiamente se assinalava no Relatório do Código de Falências de 1899, «em matéria de falências não há previsões legislativas que bastem nem reformas que muito durem.

Na verdade, se ao Direito, enquanto conjunto normativo, cabe conformar, prever e prevenir as situações da vida, sem dificuldade conviremos que as que constituem o objecto do Direito Falimentar se apresentam essencialmente marcadas pelos sinais da transformação e da mudança.

Por outro lado, é bem visível que o nosso Direito, (também) a este nível, vem acompanhando todo «um movimento que se processa de um modo geral nas sociedades desenvolvidas, onde uma extensa e profunda renovação das respectivas legislações está a ocorrer em estádios mais ou menos avançados, consoante os casos», como nos dá conta o Dr. J. PINTO FURTADO, in «Perspectivas e Tendências do Moderno Direito da Falência», Separata da «Revista da Banca» n.º 11 — Julho/Setembro 1989, cuja lição muito nos valeu neste ponto.

Assim, e em tese geral, poderemos dizer que ao *direito falimentar* do passado — ainda que recente — se vem sucedendo, com segurança e afirmação crescentes, um verdadeiro *direito pré-falimentar*. Do presente, já. E do futuro, também.

À semelhança, aliás, dos modelos exteriores que (sempre) vão inspirando o nosso legislador, assim é o fenómeno a que se assiste ao cuidarmos de atentar na forma como, evoluindo de um passado distante, se apresenta o instituto falimentar.

2.2. Derivando muito remotamente de experiências — como as das *sociedades primitivas* — em que a origem religiosa do direito de propriedade remetia para a *pessoa do devedor*, que não para a sua fazenda, a responsabilidade pela frustração dos seus créditos, o conceito de execução patrimonial só muito lentamente evoluiria no sentido que hoje se lhe conhece.

Na verdade, e como ensina o Dr. PEDRO MACEDO, in «Manual de Direito das Falências» — I Vol., p. 21, «na cidade antiga a obrigação representava um vínculo meramente pessoal, não afectando o património imobiliário (...). A Lei das Doze Tábuas não previa o pagamento coercivo pelos bens do devedor», sendo «o corpo do homem que respondia pela dívida. A terra estava ligada à família, vigiada pelos antepassados e destinada aos vindouros. Por tal Lei, tinha o credor o direito de «reduzir à escravidão o devedor remisso, vendendo-o 'trans Tiberim'».

Sedimentando-se, após, em embrionárias e (ainda) imperfeitas formas de execução patrimonial — as do *Direito Romano* —, como eram os institutos da «bonorum venditio» e da «missio im possessionem», o instituto falimentar só a partir do Séc. XIV, e sob a influência directa dos *«Estatutos» das repúblicas de mercadores transalpinas* — Génova, Florença, Milão e Veneza —, ganharia os contornos que hoje conhece de execução pública e universal contra os bens do devedor insolvente. Influência esta a que não é alheia a intensa actividade mercantil daquelas cidades e a tradição romanística, tão bem adaptada às necessidades do tempo por jurisconsultos que então firmaram definitivamente o seu nome na História do Direito: BALDO, STRACCA — este o Autor do célebre tratado «De Decoctoribus» (por «decoctus» ou «decoctor» se designava então o «falido»).

2.3. E é assim que ao nível do primeiro corpo legislativo nacional — as *«Ordenações Afonsinas»*, onde é possível surpreender grande parte do direito em vigor durante a primeira dinastia —, mais se não enxerguem do que meras e imperfeitas formas de execução individual contra devedores relapsos: «burlões e inlizadores». Ou seja, e entre outros, aqueles «que ficavam a dever soma de pão, ou de vinho, ou de azeite, ou de dinheiros, não pagando no prazo prometido e sendo condenados a pagar, ou andavam com burla, ou escondiam os bens, ou alheavam para não pagar, havendo por onde» (Livro V, Título LXXXIX).

Também entre nós, a evolução do instituto falimentar no sentido da sua moderna concepção concursual conhecerá, no devir do tempo, alguma lentidão.

Na verdade, e apesar de as compilações legislativas que se seguem — as *«Ordenações Manuelinas»* e as *«Ordenações Filipinas»* — preverem e regulamentarem já, ainda que de forma incipiente, a situação dos mercadores que «quebram de seus tratos», *só em pleno período pombalino* lhe é possível encontrar essa marcante matriz de um procedimento concursual e público.

O qual, na base da declaração da quebra, se mostra já apontado ao pagamento dos credores, comuns e privilegiados, por força do produto da venda dos bens do devedor previamente arrolados para o efeito e que corria seus termos perante a especializada jurisdição da «Real Junta do Comércio» — v. «Alvará de 13 de Novembro de 1756», pelo qual se deu, «uma organização nova à máquina judicial privativa da falência» (Dr. PEDRO MACEDO, in *loc. cit.*, p. 39).

E será exactamente a partir de então que, quer a terminologia empregue — «falência»; «falido de crédito» —, quer a ideia de processo concursual de execução colectiva verão, progressivamente, cimentar-se os contornos que hoje se lhes reconhece.

É, como se sabe, o que vem a acontecer como resultado da actividade legislativa que se corporizará, sucessivamente, no *Código Comercial de Ferreira Borges, de 1834*, de forte inspiração napoleónica, e no subsequente *Código Comercial de 1888, dito de Veiga Beirão*.

Na verdade, em ambos se assiste já a uma tendencialmente conseguida caracterização da disciplina falimentar, com o principal objectivo de, pela universal liquidação do activo do devedor, se efectuar o pagamento dos créditos reclamados.

Outro tanto — e numa evolução sempre crescente de aperfeiçoamento do instituto em causa — é o que vem a derivar do *Código de Falências de 1899* — que implicou a revogação do Livro IV, «Das Falências» (arts. 692.º a 749.º) do aludido Código Comercial de 1888 —, cuja matéria foi, entretanto, integrada sem alterações significativas, no *Código de Processo Comercial de 1905* e, mais tarde, do (novo, mas precariamente autónomo) *Código de Falências de 1935*, também ele absorvido, logo a seguir, pelo *Código de Processo Civil de 1939*.

O qual, resistindo numa vigência de quase vinte e dois anos, acabará por se ver rendido pelo *Código de Processo Civil de 1961* — sendo certo que a estrutura do processo falimentar ali definida passará incólume para o texto que o mesmo vem a conhecer *com a Reforma de 1967* e que constitui, basicamente, *o direito falimentar português da actualidade*. Ou seja, o que consta da Secção III — «Liquidação em benefício dos credores» —, do Capítulo XV — «Da liquidação de patrimónios» —, do Título IV — «Dos processos especiais» — do Livro III — «Do processo» — e que, desdobrando-se em dezasseis Subsecções, ocupa um todo de duzentos e três artigos (arts. 1122.º a 1325.º).

2.4. Direito Falimentar, dizíamos.

Com efeito, e dando-se conta de toda uma evolução internacional marcada por necessidades eminentemente sociais, em que a empresa aparece como representante não apenas dos interesses do capital mas também do trabalho e ressentindo-se das determinantes sócio-económicas que lhe subjazem, também o Direito Português se viu encaminhado a estabilizar em letra de lei aquilo a que, a partir da publicação do Dec.-Lei n.º 177/86, de 2.7, se passou a designar, nas palavras do seu próprio Preâmbulo, de *«direito pré-falimentar»*. O qual, «intencionalizado à recuperação da empresa e à adequada protecção dos credores» visa, igualmente, «sobrestar a que logo se tenha de cair no instituto falimentar, que, como entre nós está figurado, é uma forma «quase fatal de destruir empresas (mesmo aquelas que merecessem ser conservadas) vencida que fosse a sua situação de crise», prejudicando os credores, a começar pelos trabalhadores, e afectando o correcto funcionamento do mercado e o interesse geral da economia (*B.M.J.*, n.º 300, p. 9)».

Como se disse, é este um movimento geral — pressentido na maior parte das reformas que, sensivelmente a partir dos anos quarenta, vêm sendo operadas a nível de estados como a Itália, a França, a Alemanha e a Espanha — motivado pela necessidade de instituir procedimentos inovadores que, mais do que preocupados em liquidar apenas o que está mal, visam antes salvar o que não está inteiramente bem.

Fruto, pois, da constatação de que as efectivas vítimas da profusão falimentar recente não são apenas os credores da empresa falida, mas também a própria economia nacional e, mesmo, a sociedade em geral, esta imperativa revisão dos «quadros legislativos existentes», no sentido apontado, teve também em conta a manifesta falta de crédito que os «meios preventivos da falência» vigentes — a concordata e o acordo de credores (v. arts. 1147.º a 1155.º e 1167.º, todos do Código de Processo Civil — registavam e que se traduziam na sua evidente irrelevância prática.

Reflectindo, assim e ao nível do Direito Português, as novas tendências do moderno Direito da Falência, o citado Dec.-Lei n.º 177/86, de 2.7 institui, pela primeira vez entre nós, o chamado «processo de recuperação da empresa e da protecção dos credores», apostado, na pureza das suas motivações, à conservação e recuperação daquelas empresas que, apesar de registarem crises de liquidez, reuniam hipóteses de as ver superadas.

Para tanto, consagra este instrumento legal as providências da «concordata», do «acordo de credores» e da «gestão controlada». «Trilogia» em que, com refere o Dr. J. PINTO FURTADO, há «algo de comum, que é exactamente *a reversibilidade do estado de insolvência*, devolvendo a empresa ao estado de liquidez» (in *loc. cit.*, p. 78).

Esta evolução legislativa — que poderia definir-se como a passagem do conceito de *«falência-liquidação» («faillite--liquidation»)* para uma mais vasta concepção de *«falência--saneamento» («faillite-assainissement»)* — apresenta-se, assim, como tributária da constatação generalizadamente aceite de que *o tradicional «direito da falência está em falência»*.

Ou seja, de que está definitivamente posto em crise o histórico conceito de um direito da falência exclusivamente apontado à liquidação do património do devedor, já que no cada vez mais complexo contexto da Aldeia Global não são apenas os credores as vítimas de uma relevante situação de insolvência, mas antes toda a economia e, mais amplamente ainda, todo o tecido social de referência.

E que o «projectado» diploma em apreço se faz eco desta visão das coisas resulta, desde logo, das constatações preambulares de que «acolhendo (a revisão do direito falimentar) uma concepção de «falência-saneamento» que se afasta da noção de simples «falência-liquidação», com ela se pretende, «a todo o custo, evitar o desaparecimento da organização empresarial e as inevitáveis e graves consequências económico-sociais desse facto», no assumido reconhecimento e realce da «dimensão social da empresa, considerando-se (a mesma) como objecto central de todo o sistema normativo».

2.5. *Voltando agora* — depois deste rápido transcurso histórico pelo Direito da Falência em Portugal — *ao Projecto em análise*, sem reservas poderemos dizer que o mesmo se insere perfeitamente no assinalado movimento que concede foros de cidade a um *direito preventivo da falência*. Ou seja, de um conjunto normativo que comporta o estabelecimento de seguras pontes para a recuperação e saneamento daquelas empresas que, apesar de dificuldades temporárias, têm condições para vir a recuperar o seu «status» de normalidade: «(...) importa destacar sobretudo a ideia de recuperação e viabilização da empresa mediante providências organizacionais e financeiras com o sério e efectivo comprometimento dos credores», como se proclama no seu «Preâmbulo».

E mais: ao consagrar um dos quatro Títulos em que, sistematicamente, se reparte ao «Regime subsequente do processo de recuperação» (Título II) — quando os restantes se ocupam das «disposições introdutórias comuns» (Título I), dos «Processos de Falências» (Título III) e das «Disposições finais» (Título IV) — o «Projecto» não só adere ao movimento referido, como, ao corporizar num único diploma o histórico instituto da «falência» e o nóvel «processo de recuperação da empresa», a este acaba de conferir, sem hesitações, a dignidade conceitual que a igualdade de tratamento pressupõe. «Figurando na lei como processos distintos; com autonomia estrutural e sistemática, deve assinalar-se como inovação de maior mérito a clara harmonização estabelecida entre ambos, servidos por uma sistematização transparente e por uma disciplina muito rigorosa no plano substantivo e bastante simplificada nos aspectos adjectivos», pode ler-se na «Nota Preambular» já referida.

2.6. *Mais ainda*: por certo avisado pela nossa melhor doutrina, este unificado tratamento — ou melhor, esta «integração lógica dos dois regimes processuais», como se lhe refere o texto vindo de citar — não terá querido esquecer, por certo, o que a propósito ensinava o Dr. J. PINTO FURTADO, in *loc. cit.*, p. 80. Ou seja, nomeadamente, que:

«*a)* a natureza de meio de prevenção da 'falência', que deve reconhecer-se às providências de recuperação, consolidando-se em institutos cognados desta, com a qual conservam estreitas relações de vizinhança e numerosos vasos comunicantes, parecem aconselhar vivamente o seu tratamento num mesmo e único diploma;

b) o caminho aberto entre nós em 1961 a este tratamento conjunto afigura-se-nos concitá-lo igualmente, aproveitando deste modo uma tradição já firmada entre nós, digna de ser conservada, preservando a nossa identidade no contexto dos diferentes ordenamentos jurídicos-positivos;

c) a inserção da 'recuperação da empresa' num grande diploma ou Código onde igualmente fosse tratada a 'falência' daria importância e facilidade de recepção da sua mensagem, que jamais alcançará se desta última se divorciar;

d) parece, por último, ser esse o pendor mais frequente das legislações, tendo em vista os projectos ou anteprojectos já elaborados (espanhol e alemão) e as leis italiana e francesa.»

3. Análise crítica do «Projecto». Das suas aparentes vantagens e inconvenientes na perspectiva das (práticas) questões suscitadas no contexto da administração da massa falida e da liquidação do activo

3.1. Antes, porém, de entrar na problematização das questões epigrafadas, não resistimos a lançar, ainda que de largo, um *liminar comentário aos benefícios teóricos* que no texto analisando se reflectem.

3.1.1. Assumindo-se ele como o corpo normativo de uma realidade falimentar de concepção moderna e rompendo, assim e definitivamente, com o direito vigente — a este nível marcado pela «descontinuidade» de regulamentação dos institutos da «falência» e da «recuperação de empresa» —, o Projecto de Reforma do Direito Falimentar colhe, desde logo, as vantagens que uma codificação conjunta de realidades próximas — e, não raro, integradas —, necessariamente potencia.

Por outro lado, o tratamento do segundo destes regimes no diploma em apreço, para além de evidenciar as contiguidades existentes entre ele e o tradicional instituto da falência — quer enquanto meio de prevenção desta, quer, não raro, como seu antecedente processual próximo —, sempre lhe conferirá a dignidade que um novo e cada vez mais importante instrumento jurídico justifica.

3.1.2. De igual forma, aplauso nos merece a autonomização de tal legislação num único diploma, assim escapando ao referido Título IV do Código de Processo Civil («Dos processos especiais»).

Apesar de, como diz o Dr. PEDRO MACEDO, a autonomia do Direito das Falências carecer de «fundamento científico», atenta a massa heterogénea de normas da mais diversa natureza como se apresenta (*loc. cit.*, p. 16), a verdade é que a sua inclusão no direito processual civil nos parece marcadamente redutora da sua actual dimensão e importância.

Aplauso que é, também, voto para a não repetição da história, a este nível. Presente temos ainda o que, no passado, aconteceu às experiências de autonomização codificadora em que se traduziram os Códigos de Falências de 1899 e de 1935, respectivamente absorvidos pelos Códigos de Processo Civil de 1905 e de 1939.

3.1.3. Por muito acertado temos também o abandono da falaz dicotomia em que assenta a legislação vigente ao reservar para os devedores comerciantes o estado e processo de falência e para os não comerciantes um homólogo estado e processo de insolvência (arts. 1135.º e 1313.º do Código de Processo Civil).

É o que decorre, desde logo, da previsão inicial de que «toda a *empresa* em situação *de insolvência* pode ser objecto de uma ou mais *providências de recuperação* ou ser declarada em *regime de falência*» (art. 1.º, n.º 1) — definindo-se, para o efeito, como «*empresa*», «toda a organização dos factores de produção destinada ao exercício de qualquer actividade agrícola, comercial ou industrial ou de prestação de serviços» (art. 2.º), considerando-se em *situação de insolvência* «a empresa que, por carência de meios próprios e por falta de crédito, se encontre impossibilitada de cumprir pontualmente as suas obrigações (art. 3.º) e estendendo-se a declaração de falência igualmente ao «*devedor insolvente que não seja titular de empresa*» (art. 27.º).

«Aliás, em bom rigor terminológico, a *insolvência* é a situação de *quem não tem possibilidade de solver* os seus débitos. O art. 1313.º do actual Código de Processo Civil ao confundir o estado de insolvência do devedor não comerciante com a situação deficitária do seu património, misturou realidades distintas: a situação de insolvência' e um dos índices — eventualmente utilizável — revelador da situação.

A insolvência deve, pois, ser vista como o Código a concebe: um estado de facto que funciona como *pressuposto* quer do *processo de recuperação* quer do de *falência*. A falência será, por seu turno, quer o processo concursual suscitado por esse estado de facto, quer a condição jurídica desse estado.» — como se escreve no Preâmbulo do diploma em apreço, com sublinhados nossos.

E para confirmar que o regime em estudo se faz eco dos mais recentes reparos doutrinários, basta atentar no aviso que, premonitoriamente, era feito em 1989 pelo Dr. J. PINTO FURTADO: «Em nosso entender, no direito a constituir, deve (...) designar-se entre nós o *estado de não solvência*, qualquer que seja o devedor, de *estado de insolvência* — reservando-se o termo *falência* para exprimir propriamente a condição jurídica aplicável a esse estado de facto ou o nome do processo a que ele pode conduzir: processo de falência (*loc. cit.*, p. 83).

3.1.4. No âmbito ainda das suas disposições de carácter geral, importará realçar a relevância dada ao princípio da livre iniciativa do juiz no sentido de se habilitar a decidir sobre o prosseguimento da acção — art. 24.º — e à amplitude dos possíveis sentidos da sua decisão final, atento o disposto no art. 25.º, n.ºs 3 e 4.

3.1.5. Assente sobre o entendimento já anteriormente adquirido de que a «eliminação judicial da empresa representa, as mais das vezes, quando evitável, uma verdadeira agressão ao equilíbrio social, de que o Estado não se poderá desinteressar» — nas palavras do «Preâmbulo» do já citado Dec.-Lei n.º 177/86 — e por certo convicto de que a um direito falimentar renovado também cumprirá o estabelecimento de inovadores mecanismos processuais de saneamento empresarial, o «Projecto» em análise não só recobra a anterior trilogia de meios do processo de recuperação de empresas — a *concordata*, o *acordo de credores* e a *gestão controlada* —, como lhe adita uma nova providência: a *«reestruturação financeira»* (cf. art. 4.º do Projecto). A qual — na noção que lhe dá o art. 87.º — se traduz «na adopção pelos credores de uma ou mais providências destinadas a modificar a situação do passivo da empresa ou a alterar o seu capital, em termos que assegurem, só por si, a superioridade do activo sobre o passivo e a existência de um fundo de maneio». Providências estas que estão enunciadas e previstas nos arts. 88.º e segs. do «Projecto».

Por outro lado, e para além de inovar no sentido apontado, a legislação em referência colhe os louvores de uma manifesta desoneração procedimental e simplificação burocrática ao nível, nomeadamente, do mecanismo previsto para efectivação dos registos necessários, onde relevam as notas da oficiosidade e isenção emolumentar (arts. 59.º a 61.º).

Ao que acresce ainda o «tratamento fiscal extremamente beneficiado das providências de recuperação da empresa», conducentes, no fundo, a uma real valorização dos efeitos do procedimento adoptado (cf. arts. 119.º a 121.º).

3.1.6. Ao nível do *Processo de Falência propriamente dito* — reservado este aos casos de manifesta inviabilidade económica da empresa —, impõe-se-nos salientar o benefício, simultaneamente conceitual e prático, que se traduz no abandono dos institutos da *concordata* e do *acordo de credores* como meios preventivos da declaração de falência — cuja ineficácia, como tal, é praticamente absoluta ao nível do direito vigente — pela sua recondução à simples condição de providências de recuperação da empresa.

Condição esta que, nos limites da conformação de tais institutos, não poderá ser outra pois, com eles, sempre se terá em vista obstar à extinção (falência) da empresa, restituindo-a à desejada solvência.

3.1.7. De grande relevância ainda — e que muito terá a ver com a necessidade de superar uma das causas determinantes das crónicas e manifestas insuficiências dos activos — é a proposta *«extinção dos privilégios creditórios»* do Estado, das autarquias locais e das instituições de segurança social (cfr. art. 152.º). Em consonância, com o sentido de algumas reformas estrangeiras, este inovador tratamento de todos os credores em pé de igualdade faz jus ao conceito básico de que a falência, como processo concursal, se apresenta assente no «tradicional princípio da *'par conditio creditorum'*». Como o justifica o Preâmbulo do Código em apreço, «a prática tem demonstrado, como, aliás, seria fácil de prever, que os credores titulares de créditos privilegiados não só se acomodam passivamente à sua regalia, desinteressando-se da recuperação da empresa débil financeiramente, como provocam o desinteresse dos credores comuns, que, à partida, sabem não vir a ter condições nenhumas de satisfazer o seu crédito».

Não resistimos, por nos parecer muito demonstrativo das intenções legislativas presentes, a transcrever o seguinte e significativo passo do texto em apreço: «Se, a par disto, for tomado em consideração o propósito de, em diploma legal próprio, se extinguirem os privilégios imobiliários gerais e se recolocarem as limitações temporais da extensão dos privilégios creditórios, de acordo como figurino do Código Civil, concluir-se-á que o Estado se propõe efectivamente levar a cabo uma acção séria e exemplar de contribuição para a recuperação financeira do tecido empresarial do País e para o sentido plenamente concursual da falência».

Todavia, convém estar atento à circunstância de esta nova situação, apesar da segurança avançada pelos mecanismos consagrados no art. 25.º, pode vir a potenciar, por parte dos credores comuns, o aumento dos processos de falência, face á possibilidade de, ao contrário destes, na execução singular, poderem continuar a confrontar-se com créditos munidos dos tais privilégios.

3.1.8. Também a redefinição da matéria relacionada com a «indiciação da infracção penal» — arts. 224.º a 227.º — nos parece de muito bom acerto, ao remeter a «instrução e julgamento» daquela para o foro próprio — o penal — e ao consagrar a suficiência, ao nível do processo falimentar, da oficiosa junção da certidão da decisão ali proferida.

Assim se põe termo, finalmente, a um anacrónico e complexo sistema, como o do art. 1280.º do Código de Processo Civil, por força do qual — e graças à conjugação dos contributos jurisprudenciais operados a propósito — se reserva às instâncias de investigação penal a competência para a instrução dos processos de indiciação do falido e se comete ao Tribunal da Falência a competência para os julgar. Vejam-se, por todos, os Acórdãos do S.T.J., de 3.5.1975 (in *B.M.J.*, 247.º-125) e da Relação de Lisboa, de 14.1.1981 (in *Col. Jur.*, 1981-1.º-207, de 30.1.1981 (in *B.M.J.*, 308.º-275), de 20.2.1981 (in *Col. Jur.*, 1981-1.º-243) e de 8.4.1981 (in *Col. Jur.*, 1981, 2.º-218).

3.1.9. De assinalar, também, as oportunas alterações das disposições que, no Código Penal, prevêm e punem os casos de «insolvência dolosa» (art. 325.º) de «falência não intencional» (art. 326.º) e de «favorecimento aos credores» (art. 327.º).

Relativamente à vigente redacção de tais dispositivos, é patente a preocupação de os adaptar não só às novas opções conceituais e terminológicas como às novas realidades. Assim o é, desde logo, nos casos da designação do tipo legal de crime — «Insolvência dolosa», do art. 325.º, em vez de «Falência dolosa —, da definição do sujeito activo — «O devedor», dos arts. 325.º e 326.º em vez de «O devedor comerciante» —, dos modos de actuação — em que aos existentes, se faz acrescer a não organização da contabilização apesar de devida (v. alínea *b)* do n.º 1 do art. 325.º), a criação ou agravação artificial de prejuízos ou redução de lucros (v. alínea *c)* do mesmo dispositivo) e a angariação de fundos em condições ruinosas (v. alínea *d)* ainda daquele artigo), — e, finalmente, das próprias condições de punibilidade — da efectiva declaração de falência dos arts. 325.º e 326.º, à simples ocorrência da situação de insolvência e seu reconhecimento judicial (do n.º 1 daquele) e ao mero «conhecimento da situação de insolvência» sem correspondente apresentação judicial (do n.º 2 deste preceito).

3.2. A par, porém, das assinaladas bondades do texto em presença, a verdade é que muitos outros dos seus aspectos se nos apresentam merecedores, de *um sério juízo de utilidade duvidosa*, no seu embate diário com a realidade falimentar.

Atentemos pois, neles mais na perspectiva de uma despretensiosa abordagem, do que na intenção de fazer deles — como, de certa forma, o não consente a economia do tema — um tratamento exaustivo.

3.2.1. Ao nível, desde logo, da «*Recuperação da empresa*», e apesar de reconhecermos que o esquema proposto se conforma perfeitamente com as modernas, e já faladas, tendências do Direito da Falência, não podemos evitar-lhe um liminar e sincero juízo de descrença.

Na verdade, e estribando-nos nos resultados fornecidos pela vigência dos Decs.-Lei n.º 177/86, de 2.7 e n.º 10/90, de 5.1, teremos de concluir que os resultados são, estatisticamente e pelo menos ao nível do círculo judicial do Porto, de ínfimo significado e de muito reduzido abono do instituído «direito pré-falimentar».

Ao invés das suas generosas intenções, o que a experiência tem demonstrado é que o recurso ao processo então criado apenas tem servido, na prática, para descapitalizar (ainda mais) as empresas em crise e, não raro, para retardar a respectiva declaração de falência.

Pela sua proximidade com a nossa realidade, não resistimos a transcrever o que Satta, a propósito dos resultados da experiência italiana, iniciada em 1942 como processo de «aministrazione controlata», dizia em 1974: «A experiência do instituto ao longo dos já numerosos anos passados sobre a sua aparição é quase 100% negativa.

Depois de um breve período em que permaneceu unicamente no papel, os empresários insolventes descobriram-no e deram-se conta de que o legislador lhes tinha oferecido uma espécie de tábua de salvação para retardar a falência (...) E assim houve uma aplicação maciça do instituto que, na generalidade dos casos, redundou em falência de espoleta retardada, com uma maciça destruição da riqueza em prejuízo dos credores e não só deles» (in «Diritto Fallimentare», 1974, p. 398, citado por Dr. J. PINTO FURTADO, *loc. cit.*, p. 73).

Todavia, e conscientes de que as alternativas não abundam, teremos de continuar a acreditar na bondade, ainda que isolada, das soluções processuais apontadas.

E se é certo que nem tudo elas resolverão, fica-nos a fundada esperança de que, neste quadro, o futuro possa vir a ser melhor. Pode ser que a esperada estabilização económica, a consequente harmonização social e os resultados derivados do progressivo convívio com modelos mais avançados, num espaço alargado, venham a dar alguma ajuda.

3.2.2. Reconhecendo ser de muito acerto a criação de *uma jurisdição especializada*, tanto para o processo de recuperação da empresa como para o processo da falência — art. 13.º —, não podemos deixar de manifestar a mais viva apreensão pela forma pouco assumida como o «Preâmbulo» se lhe refere, ao diferir para um «médio prazo» (de duração imprevisível...) a respectiva implementação: «Embora se preveja a criação, a médio prazo, de tribunais dotados de competência especializada em matéria comercial, o actual diploma não interfere com as regras em vigor relativas à competência material dos tribunais judiciais. Prevê-se que, conforme os casos, os processos corram perante o respectivo tribunal de competência especializada (referindo-se aos tribunais cíveis) ou genérica».

3.2.3. Como saliente nota da ruptura com o processamento falimentar vigente, refira-se desde logo *o abandono da tutela pública e judicial* das marcantes fases da «administração da massa falida» e da «liquidação do activo» a favor dos cuidados de agentes isolados, tendencialmente privados e directamente interessados nos resultados do procedimento em causa.

Este primado do privado sobre o público (e judiciário) carácter das operações referidas é visível, desde logo, não só na *extinção das Câmaras de Falências de Lisboa e do Porto* e no consequente *desaparecimento das figuras dos chamados «órgãos auxiliares do Tribunal»*, representados pelo *Síndico* e pelo *Administrador de Falências*, como na respectiva substituição pelas (agora criadas) figuras do «liquidatário judicial» e da «comissão de credores».

Recusando-nos a ficar no Restelo de esquemas passados, não podemos, porém, calar a inquietação que as fórmulas propostas nos causam. E de que o conhecimento da História dá aviso.

Na verdade, a intrínseca ligação daqueles órgãos ao próprio Tribunal da Falência — o síndico, enquanto «advogado geral das falências e insolvências» (art. 73.º do Estatuto Judiciário) e magistrado cuja função principal é «substituir o juiz no aspecto mais acentuadamente administrativo da falência, concedendo celeridade e diminuindo as formalidades do procedimento» (Dr. PEDRO MACEDO, *loc. cit.* — I Vol., p. 486), o administrador, enquanto agente directa e funcionalmente subordinado ao síndico (art. 75.º do citado Estatuto) — para além de evidenciar uma actividade sempre judicialmente sindicável, acabava por lhe imprimir o carácter da global função judiciária, enquanto actividade prossecutora do interesse público.

E a verdade é que semelhante paralelo não se lobriga nas aludidas figuras do «liquidatário judicial» e da «comissão de credores».

Primeiro, porque a par da (ainda) indefinição estatuária daquele se pressente vir a predominar em tais funções «pessoa indicada pelos credores ou pela empresa» (cf. arts. 132.º, 133.º e 137.º do citado «Anteprojecto»).

Depois, porque as «comissões de credores» — com a constituição prevista no art. 139.º e o leque de poderes e o esquema de funcionamento assinalados no art. 140.º — dificilmente se apresentará como o órgão de decisão eficiente e rápido que a dimensão das suas competências reclama.

Para além, claro está, de uma adivinhada dificuldade em, abstraindo das suas particulares posições de interessados (das suas posições credoras), assumirem os respectivos membros a desejada postura da representação dos «diversos interesses em causa na liquidação».

Assim, voltando à figura do «liquidatário judicial», e tendo em conta a largueza da sua importância interventiva no contexto da administração da massa e da liquidação do activo, pensamos que a sua nomeação deveria recair *sempre* em pessoa alheia aos credores e ao próprio falido, já que só com totais independência e isenção se poderá potenciar a defesa dos interesses de *todos os credores*.

Por outro lado, não se compreendem bem as razões que terão justificado o abandono de um interveniente processual como o *Síndico de Falências*, cuja criação remonta ao Código de Falências de 1935 e que encontra os seus antecedentes próximos nas figuras do «Juiz-Comissário» do Código Comercial de Ferreira Borges, de 1833, e do «curador fiscal» do Código Comercial de Veiga Beirão, de 1888. E que se mantém noutras legislações, como por exemplo a italiana, onde dá pela designação de «giudice delegato» e que se apresenta como «l'organo directivo del fallimento» (GIAMPAOLO DE FERRA, in «Manuel di Diritto Falimentare, 1989, p. 73 e segs.).

Abandonar, sem mais, um órgão cuja acção se estende, numa dimensão assinalável, *à fiscalização e à orientação jurídica das actividades da administração da massa falida* — libertando o Tribunal dessa tarefa e permitindo, assim, uma mais célebre ultimação do procedimento falimentar —, parece arriscado e pouco favorecedor dos interesses em presença.

Lembre-se, a propósito, o que da figura em causa, diz o Dr. PEDRO MACEDO: «o Síndico reúne as antigas funções dos curadores fiscais, mas agora fortalecidas e dignificadas, entregues a um magistrado que exerce por delegação do tribunal uma importante missão junto da massa» (*loc. cit.* — II Vol., p. 487).

E não se esqueça também o que o mesmo Autor refere, a propósito da longínqua experiência francesa, contemporânea da célebre Ordenança de 1673: «A malícia dos homens facilmente corrompe as intenções da lei. As concordatas, realizando-se sem a intervenção judicial, encobriam verdadeiras fraudes. Os Síndicos eram escolhidos entre os credores, amigos ou parentes do próprio falido, os quais esqueciam os interesses dos credores ausentes, escondiam a verdadeira situação do falido e impunham acordos desastrosos». (*loc. cit.* — I Vol., p. 31).

Perante as duas concepções possíveis, e opostas, do procedimento falimentar — a que entrega a iniciativa e orientação da fase executiva do mesmo (administração e liquidação) aos credores e a que, para tais efeitos, opta por órgãos independentes e públicos, onde sobressai a figura do síndico —, é nítida a opção do diploma em apreço pela primeira hipótese.

À «falência oficiosa» vigente — de que fala o Dr. PEDRO MACEDO, ao assinalar-lhe a presença de um síndico, magistrado e «juiz activo que intervém oficiosamente» (*loc. cit.*, p. 543) norteado sempre, dizemos nós, por inalienáveis princípios de legalidade e objectividade na defesa dos interesses que lhe cabe acautelar —, sucede-se agora uma falência de sinal diverso, (quase) exclusivamente sob a orientação e fiscalização (privadas) da comissão de credores: vejam-se, a propósito os arts. 134.º, 136.º, 137.º, 139.º, 140.º e 141.º, 146.º, 180.º, 181.º, etc.

Por outro lado, a ausência de regulamentação específica do funcionamento da «comissão» em apreço, bem como a falta de conformação legal das relações a estabelecer entre ela e o «liquidatário» no seio do «apenso da liquidação do activo» (v. art. 180.º, n.º 1, parte final), deixa-nos, no mínimo, preplexos perante a anunciada «autogestão» ou, pelo menos, improvisação funcional a que, por certo não se deixará de chegar...

Na verdade, em todo o diploma nada se avança quanto ao modo como se processa a consulta da comissão de credores ou à forma como esta coopera com o liquidatário e fiscaliza os seus actos, bem como se omite o que quer que seja a respeito dos prazos em que se deve a mesma pronunciar e bem assim quanto ao local onde funciona e, quanto à forma de ultrapassagem de eventuais impasses surgidos no seu seio.

De um modo geral, e perante o inovador mecanismo que se traduz a formação de uma vontade resultante da conjugação de dois intervenientes tendencialmente «particulares» no seio de um processo judicial, fica-se com a sensação de algo ter faltado no sentido de uma consequente regulamentação da nova disciplina processual.

3.2.4. «Tanto o processo de recuperação da empresa como o processo de falência correrão seus termos apenas perante o tribunal, sem qualquer intervenção das antigas câmaras de falências» — lê-se no Preâmbulo do diploma, cujo artigo 5.º, consequentemente, decreta a extinção das mesmas.

Porém, e muito embora na lógica do sistema instituído, outra coisa não fosse de esperar, não deixaremos de referir aqui e agora, as muitas dúvidas que nos ficam a propósito do facto.

Com efeito, e como órgãos cujo embrião remonta às repartições especiais destinadas ao serviço dos administradores de falências que funcionavam junto dos Tribunais comerciais de Lisboa e do Porto — sob a égide do Código de Falências de 1899 —, e cujas composição e atribuições actuais vêm previstas no Estatuto Judiciário, aprovado pelo Dec.-Lei n.º 44 278, de 14.4.1962 (Título II, Capítulo I, Secção VII, arts. 71.º a 87.º), as Câmaras de Falências de Lisboa e do Porto vêm realizando, no contexto falencial, um preciosíssimo serviço, já que se apresentam como especialmente vocacionados para assegurar as sempre e cada vez mais complexas funções de administração da massa e da liquidação do activo em áreas onde a tensão processual desse tipo jamais faria aconselhar a sua dispensa.

Num tempo em que, por demais, se impõe a especialização e a divisão de funções como factores de eficiência, voltar à *«direcção do juiz»* do processo para a complexa e, não raro, materialmente variada fase da *«administração da massa falida»* — v. art. 141.º do Projecto —, parece-nos pouco acertado e algo retrocedente.

Ao contrário da solução encontrada, cremos que a manutenção de repartições como aquelas — e mesmo a sua difusão aos pontos do País que, pela sua densidade processual desse tipo, mais as justificassem —, poderia traduzir opção vantajosa.

Questão era que tais unidades se apresentassem, desde logo dotadas de quadros de pessoal — administradores e funcionários — eficientemente dimensionados para as necessidades actuais.

E não — como é o caso da Câmara de Falências do Porto cuja situação, sempre superiormente denunciada, conhecemos de perto — evidenciassem o inaceitável panorama de não só manterem, actualmente e ao nível dos seus administradores, um quadro legal com mais de trinta anos (!) — pois a sua mais recente fixação, em número de três, remonta à aprovação, em 14.4.1962, do Estatuto Judiciário — mas também o mesmo (quadro) se apresentar, de há vários anos a esta parte, sagrado de uma e mesmo, de duas das suas unidades!...

Não nos repugna, assim e no enquadramento já adiantado pela criação de tribunais de competência especializada propender para a criação, neles, de uma ou mais Secções com funções similares às das actuais Câmaras de Falências onde, na dependência funcional do respectivo Juiz, teriam lugar os chamados «liquidatários judiciais».

3.2.5. Uma outra dificuldade prática que o regime em apreço institui é a que resultará, nos limites do preceituado no art. 185.º, n.º 2, e atenta a indefinição do funcionamento da comissão de credores, da necessidade de «assinatura conjunta do liquidatário e de um, pelo menos, dos membros da comissão de credores» para a movimentação de depósitos, tendo em vista operações, que poderão ir das «despesas correntes de administração» (art. 145.º, n.º 3) aos pagamentos aos credores (art. 215.º, n.º 1).

3.2.6. Porque o estatuto do liquidatário judicial, bem como o modo do seu recrutamento, o regime das suas remunerações, dos adiantamentos e dos reembolsos de despesas a que tenha direito se diz vir a ser matéria de «diploma legal próprio» — art. 133.º —, importará, atenta a sua importância, que o mesmo venha a ser publicado com a devida antecedência em relação ao Código em causa.

Na verdade, não fará sentido implementar um regime legal sem se estar já habilitado com os respectivos intervenientes principais. E sem se saber, logicamente, em que condições serão fixadas as suas remunerações, bem como os adiantamentos à massa a administrar que podem, no exercício de uma adequada administração, vir a atingir montantes consideráveis.

3.2.7. A propósito ainda da figura do «liquidatário judicial» — sucessora prevista do anterior «administrador de falências» —, impõe-se-nos dizer que não é, em nosso entender, feliz a designação escolhida.

Para além de romper com todo um longo passado — remonta a 1834, com o Código Comercial de Ferreira Borges, a primeira vez em que, no nosso direito, se estatui acerca do administrador da massa, muito embora já anteriormente se falasse da «administração da quebra» — a nova locução, ao vincar terminologicamente apenas uma das vertentes do conteúdo funcional deste operador (a liquidação do activo), esquecendo a da «administração da massa falida» (v. art. 141.º), é, em comparação com a anterior, manifestamente mais imprecisa e redutora daquela realidade funcional.

Assim, e não havendo motivos relevantes para se prescindir de uma tradição terminológica tão amplamente firmada, de bom acerto teria sido preservar a designação histórica, reconduzindo-a à expressão que sempre conheceu no Direito Português mais recente.

3.2.8. Antes de acabar, uma outra referência se nos impõe fazer. Reporta-se ela ao excessivamente alargado prazo de prescrição das importâncias dos cheques passados para pagamento aos credores e à necessidade de ponderar o seu encurtamento com vista a uma ultimação mais rápida do processo.

Na verdade, se o actualmente fixado em «um ano a contar da autorização» (art. 12.º, n.º 5, do Dec.-Lei n.º 49 213, de 29.8.1989), se apresenta como muito curto, já o que vem previsto no art. 215.º, do «Projecto» nos parece excessivamente longo, uma vez que os «dois anos» fixados para o efeito se contam, não do despacho judicial que autoriza os pagamentos, mas «a partir da data do aviso ao credor».

4. Conclusão

Minhas Senhoras e Meus Senhores.

Aqui fica, com necessárias limitações ditadas, por um lado, pela dinâmica de um tempo urgente e, por outro, pelas marcas de uma experiência profissional preferencialmente convivente com o procedimento falimentar «tout court», a abordagem possível que, nos limites do tema proposto, nos mereceu o «Projecto do Código dos Processos Especiais de Recuperação da Empresa e da Falência».

Conscientes do desafio, mas acreditando que o caminho se faz caminhando, ela aqui fica. Mesmo sem ser o estudo que o tema em apreço sempre mereceria, tal é a importância e a grandeza que lhe são inerentes, ele aqui fica com a fundada esperança de, de alguma forma, poder ter contribuído para dar a conhecer ou fomentar o conhecimento de uma realidade tão intensa quanto a sua.

IMPLICAÇÕES FISCAIS DO NOVO REGIME DOS PROCESSOS ESPECIAIS DE RECUPERAÇÃO DA EMPRESA E DE FALÊNCIA

PEDRO MARINHO FALCÃO
Assistente do Departamento de Direito da Universidade Portucalense

Porto, 28 de Novembro de 1992

A presente intervenção focará dois aspectos distintos do Sistema Tributário. Em primeiro lugar, analisaremos a vertente *Substantiva*, onde faremos uma incursão pelos Benefícios Fiscais a introduzir pela nova Lei de recuperação das empresas. Na segunda parte, incidiremos sobre a perspectiva *Adjectiva*, aflorando as consequências da nova Lei ao nível do processo de execução tributário, e da postura do Representante da Fazenda Pública nos processos especiais de recuperação da empresa.

1. **Regime dos Benefícios Fiscais aplicáveis aos actos praticados pelas empresas sujeitas ao processo de recuperação**

Para se ter uma ideia mais precisa e definida do tipo de Benefícios Fiscais a introduzir com a Lei de Recuperação, o «modus operandi» de cada um, bem como as dificuldades práticas que, certamente, o diploma em apreço levantará, começaremos a Primeira Parte da nossa intervenção com uma introdução teórica, aligeirada, mas suficientemente incisiva para facilitar a compreensão de tais aspectos, propondo-nos à abordagem das principais classificações dos benefícios fiscais.

1.1. *Conceito jurídico e conceito económico de Benefício Fiscal*

Como instrumento de intervenção financeira do Estado nos mecanismos do mercado, a receita pública, analisada na dupla perspectiva de arrecadação e renúncia, querida ou tolerada, da sua cobrança, inculca dois sentidos distintos: o económico e o jurídico.

De igual modo, também os Benefícios Fiscais encerram um conceito financeiro e jurídico.

Numa óptica económica, os Benefícios Fiscais são encarados como medidas de política financeira, tomadas pelo órgão executivo, que constituem actos derrogatórios à actividade tributária prosseguida, traduzindo-se em verdadeiras despesas fiscais semelhantes às despesas directas dos entes públicos, e equivalendo aos subsídios pecuniários atribuídos pelo Estado aos agentes económicos a natureza económica do benefício fiscal que constitui um dos aspectos do poder constitucional de tributar, impõe que a respectiva medida seja devidamente ponderada e justificada, porquanto entre o Sistema Tributário impositivo e o Sistema dos Benefícios Fiscais existe uma relação dialéctica, posto que o Benefício Fiscal reduzindo a base tributável e diminuindo a receita fiscal, dá causa ao aumento do nível da carga tributária para obviar à redução da receita que o Benefício acarreta.

É justamente a vertente económica do Benefício Fiscal, entendido como despesa pública, que permite explicar a perspectiva e o conceito estritamente jurídico da medida tributária em análise. Como observa Nuno de Sá Gomes [1], os Benefícios Fiscais são factos complexos, impeditivos do nascimento da obrigação tributária com o seu conteúdo normal, que cabem na tributação regra, com natureza excepcional e fundamento extrafiscal, traduzido na tutela de interesses públicos constitucionalmente relevantes superiores aos da própria tributação que impedem. Decorre, desta definição, que o Benefício Fiscal visa a prossecução de um conjunto de objectivos económico-sociais, constitucionalmente tutelados, justificativos da derrogação da generalidade e igualdade inerentes ao Sistema Tributário positivo, factos que têm natureza excepcional.

---

[1] In «Teoria Geral dos Benefícios Fiscais», *Ciência e Técnica Fiscal*, n.º 359, Julho-Setembro, 1990, p. 43.

O carácter excepcional do Benefício Tributário encontra-se plasmado, no plano legislativo ordinário, no Estatuto dos Benefícios Fiscais, onde se estabelece, a propósito da interpretação e integração das lacunas, que a Lei definidora do Benefício admite — como aliás é regra geral em direito civil — interpretação extensiva, mas não aplicação analógica, pelo que, se a situação em análise não estiver abrangida pela norma excepcional do Benefício Fiscal, fica imediatamente sob a alçada da regra geral, que é a sujeição a imposto.

Esta cláusula de interpretação condicionará a resolução de um problema que, a nosso ver, se levanta a propósito do esquema dos Benefícios erigidos pela Lei de recuperação de empresas e que adiante se chamará à colação.

Assim, e face aos juízos expendidos, a diferenciação do conceito jurídico e económico dos Benefícios Fiscais permite estabelecer uma classificação das várias medidas de natureza tributária negativa, muitas vezes apelidadas de um modo generalizado, impropriamente bem se vê, de Benefícios Fiscais. Num primeiro sector, estão agrupadas todas as exclusões tributárias e outras formas de desoneração da carga fiscal, com natureza estrutural, constituindo verdadeiros Desagravamentos Fiscais que integram o conceito de Benefício Fiscal em sentido económico nas não jurídico. São exemplos, as medidas benéficas para determinação dos custos, as medidas que se traduzem no abaixamento das taxas de tributação e a abolição ou suspensão dos impostos. Numa perspectiva meramente jurídica só são Benefícios Fiscais as medidas excepcionais que constituem factos impeditivos da normal tributação, noção que, sendo ampla, quer abranger os Benefícios Fiscais «strictu sensu», e os incentivos fiscais [2]. Esta sub-classificação da divisão inicial possibilita-nos avançar para a análise do segundo tipo de Benefícios Fiscais.

---

[2] Seguimos de perto os critérios e classificações eleitas pelo Dr. NUNO SÁ GOMES.

1.2. Benefícios Fiscais estáticos e Benefícios Fiscais dinâmicos

Toda a medida gizada pelo órgão executivo, necessariamente após a intervenção do órgão parlamentar, que tenha em vista impedir o nascimento, total ou parcial, da obrigação tributária, deverá, no seu sentido, pretender alcançar objectivos de natureza sócio-económica com relevância constitucional. São, na verdade, os objectivos preconizados pelo órgão titular da respectiva política que determina a natureza das medidas tributárias, e que se analisam de um prisma estático e dinâmico. Nesta esteira, constituem Benefícios Fiscais em sentido restrito as medidas estáticas, e incentivos fiscais as medidas dinâmicas.

As primeiras tutelam interesses públicos em termos estáticos, atribuindo benefícios a situações já consumadas e que se pretendem cristalizar. As segundas querem obter dos sujeitos certas reacções positivas, que se conseguem mediante estímulos tributários nas actividades que se pretendem fomentar. São as medidas de fomento fiscal cujo pressuposto, e elemento diferencial das medidas estáticas, é a relação causa e efeito. O Sistema Tributário Português tem sido fértil em medidas de fomento fiscal, das quais cumpre salientar numa perspectiva diacrónica:

— Sistema Integrado de Incentivos ao Investimento, previsto no Dec.-Lei n.º 194/80;

— Contratos de Desenvolvimento, estatuídos pelo Dec.-Lei n.º 718/74;

— Acordos com o Instituto do Comércio Externo, plasmados no Dec.-Lei n.º 116/82;

— Contratos de Viabilização, regulamentados no Dec.-Lei n.º 247/77;

— Acordos de reequilíbrio económico-financeiro das empresas públicas, a que se refere o n.º Dec.-Lei 353-C/77; e, mais recentemente, a Lei n.º 29/89, de 23.8 e o Dec.-Lei n.º 95/90, de 20.3 que aditou ao Estatuto dos Benefícios Fiscais o art. 49/A e que teve em vista a criação de um sistema de incentivos fiscais, em regime concertado, para projectos de investimento em unidades produtivas de valor global superior a 10 milhões de contos dirigidos à exportação e com impacto na balança de pagamentos. Também a concentração e cooperação das empresas como actos susceptíveis de possibilitar a sua reorganização e reestruturação, tem sido alvo dos favores do sistema fiscal. No Dec.-Lei n.º 48 844, de 20.1.1969 aparece, pela primeira vez, um esquema de incentivos fiscais à fusão e incorporação de empresas, seguindo-se, posteriormente, o Dec.-Lei n.º 117/71, de 2/4, para as empresas de pesca, o Decreto n.º 160/73 relativo às empresas de conservas de peixe e o Decreto n.º 135/74 para as empresas de transportes públicos rodoviários.

Actualmente, está em vigor o Decreto n.º 404/90, de 21.12 que prevê um leque de mecanismos financeiros com vista à renovação e reestruturação das empresas com perspectivas de expansão no mercado comum europeu. Este diploma mergulha as suas raízes nos Decs.-Lei n.º 132/83, de 18.3, 160/85, de 13.5 e no Dec.-Lei n.º 181/87, de 21.4 ([3]). O modelo eleito pelo legislador do processo pré-falimentar, tomou por base a ideia de Benefício Fiscal em sentido restrito, estatuindo um esquema de Benefícios que, como teremos oportunidade de verificar, não visam fomentar ou incentivar o exercício de determinada actividade económica ou aceitar as propostas de recuperação da empresa por parte dos credores, mas apenas, em homenagem aos princípios gerais informadores da Técnica Tributária, neutralizar, do ponto de vista fiscal, os actos jurídicos praticados no decurso do processo especial de recuperação de empresas que, em condições normais, constituiriam facto gerador de imposto. É pois dos benefícios fiscais em sentido estático que curaremos de emitir uma breve reflexão.

([3]) Para desenvolvimento desta matéria, Vd. «Benefícios Tributários à Concentração e Cooperação de Empresas», por LUÍS MARQUES LEITÃO, in *Ciência e Técnica Fiscal*, n.º 366, Abril-Junho, 1990.

Mas para além das classificações de Benefícios Fiscais que apontamos, seguindo a esteira da Doutrina em geral e do Dr. SÁ GOMES em especial, outros há que importa analisar.

1.3. *Benefícios Fiscais Automáticos e dependentes de reconhecimento*

O Estatuto dos Benefícios Fiscais, no art. 4.º, estabelece a distinção entre Benefícios Fiscais Automáticos e aqueles Benefícios que dependem da aceitação por banda da administração Fiscal.

Sem entrar na questão da constitucionalidade que os benefícios fiscais dependentes de reconhecimento levantam, posta a verdadeira discricionariedade técnica atribuída ao agente administrativo e o poder arbitrário que a apreciação do pedido envolve, dir-se-á que o segundo tipo de Benefícios são aqueles que, sendo apreciados casuisticamente pela Administração Fiscal, vêem os seus efeitos ficarem na dependência de um acto de reconhecimento expresso. Estes privilégios tributários podem ser, tal como prescreve o citado preceito, concedidos através de acto administrativo ou por Contrato Fiscal ao abrigo de uma margem de livre apreciação técnica, ficando a sua apreciação sujeita a um processo especial de reconhecimento regulado nos arts. 15.º e segs. do Estatuto dos Benefícios Fiscais, salvo quando a Lei não preveja processo próprio para o efeito.

Os Benefícios Fiscais são automáticos quando o direito ao benefício opera ope-lege, pela simples verificação dos respectivos pressupostos, dispensando-se qualquer iniciativa da entidade beneficiada ou intervenção da Administração Fiscal. E parece-nos ser esta a melhor solução conquanto o princípio constitucional da Legalidade, com os seus corolários da tipicidade fechada e do exclusivismo, quis suprimir em matéria de fiscalidade qualquer discricionariedade, impondo uma competência estritamente vinculada. A subsunção dos Benefícios Fiscais previstos na lei sub-judice à classificação ora adiantada, é matéria de que cuidaremos a propósito da análise do respectivo articulado.

Para terminar esta breve exposição teórica, resta-nos, agora, abordar as seguintes classificações:

1.4. Benefícios Fiscais puros e condicionados

O Benefício Fiscal diz-se puro quando a eficácia do facto desagravado não fica dependente da verificação de qualquer pressuposto acessório; condicionado quando a sua eficácia fica na dependência de certos pressupostos futuros, incertos, que são a sua condição, suspensiva ou resolutiva. A condição é suspensiva quando, verificado o facto gerador, nasce a obrigação de imposto, ficando o benefício fiscal dependente da verificação dos factos constitutivos dos pressupostos acessórios; resolutiva quando a eficácia do facto tributário suspende os seus efeitos pela verificação dos pressupostos do Benefício Fiscal ficando este, caso se verifiquem os pressupostos previstos na cláusula resolutiva, sujeitos a caducidade.

1.5. Benefícios Fiscais totais e Benefícios Fiscais parciais.

Nos Benefícios Fiscais totais o desagravamento abrange a totalidade do facto tributário, pelo que a obrigação não chega a surgir. Impedem, pois, no seu todo a produção de efeitos declarativos do facto gerador. Nos Benefícios parciais a obrigação tributária constitui-se mas a prestação devida é menor do que se não existisse o desagravamento; tratam-se de benefícios que concorrem para a diminuição da prestação tributária a pagar, mantendo-se as obrigações acessórias a ela inerentes [4].

Passada em revista as principais classificações de Benefícios Fiscais adiantados pela nossa Doutrina, cumpre, agora, analisar as medidas legislativas propostas pelo legislador no âmbito do processo de recuperação de empresas regulado pelo Dec.-Lei n.º 177/86 e aquelas que se pretendem introduzir no tecido tributário com a nova lei.

---

[4] Atenta a excelência da distinção seguimos de perto a lição do Dr. NUNO SÁ GOMES, in *Ciência e Técnica Fiscal*, «Teoria Geral dos Benefícios Fiscais», pp. 151 e 152.

2.1. *A Lei de Autorização Legislativa n.º 3/92, de 4.4.*

Consequência do reconhecimento pelo Estado das dificuldades actuais dos agentes económicos e da necessidade de definir um regime fiscal favorável para as empresas em situação económica debilitada, é a Lei de Autorização Legislativa n.º 3/92, de 4.4.

Este diploma, publicado em inícios do ano corrente, autoriza o Governo, nos termos do art. 168.º, n.º 1, alínea *i)* da Constituição da República Portuguesa, a legislar em matéria fiscal, no sentido de ser definido um conjunto de isenções em sede de Imposto de Sisa e Imposto de Selo, relativamente às providências a tomar no âmbito do processo de recuperação de empresas previsto no Dec.-Lei n.º 177/86. O Governo não chegou a publicar qualquer Decreto-Lei no uso da autorização legislativa concedida pela Assembleia da República, mas as medidas-base nela definidas foram ressuscitadas pela segunda Lei de Autorização — a Lei n.º 16/92, de 6.8 — que expressamente prevê, no n.º 1 do art. 2.º, a aplicação às providências que integrarem o novo processo especial de recuperação da empresa, os benefícios fiscais referenciados na Lei n.º 3/92.

Nestes termos, o diploma legal regulamentador dos processos especiais de recuperação de empresa e de falência há-de conformar-se no que respeita ao Sistema Tributário, às linhas orientadoras contidas na Lei de Autorização n.º 16/92 e na Lei n.º 3/92 por «repristinação» da primeira.

A Lei n.º 3/92, como dissemos, autorizou o Governo a isentar de imposto de sisa e de selo um conjunto de transmissões imobiliárias e operações, efectuadas como instrumento de recuperação das empresas em situação económica difícil.

Relativamente ao imposto municipal de sisa ficou o Governo autorizado a estabelecer benefícios nas seguintes providências:

1 — Isenção na transmissão de bens imóveis da sociedade recuperanda para a nova sociedade a constituir (resultante do Acordo de Credores), com vista ao exercício da mesma

actividade que vinha sendo prosseguida e para realização do seu capital social.

2 — Isenção na transmissão de imóveis operada para aumento do capital social da pessoa colectiva submetida ao processo de recuperação, quando seja adoptada como instrumento da recuperação, a gestão controlada da empresa.

3 — Isenção na afectação do património imobiliário da empresa ao pagamento de dívidas aos credores sociais.

4 — Isenção nas transmissões decorrentes da venda ou permuta dos elementos que compõem o activo patrimonial da empresa a recuperar, ou da autonomização jurídica dos seus estabelecimentos, e

5 — Isenção nas cessões a terceiros do capital social, no todo ou em parte.

Em sede de imposto de selo ficou o Governo autorizado, nos termos do preceituado no n.º 2 do art. 1.º, a isentar a constituição de sociedades resultantes do Acordo de Credores, a modificação dos prazos de vencimento e dos juros de empréstimos no âmbito da gestão controlada, bem como as operações de financiamento, a venda de participações sociais, a dação em cumprimento dos bens da empresa, a venda, cessão ou permuta dos elementos do seu activo, a cessão temporária da exploração e a transferência de estabelecimentos comerciais para a sua autonomização.

O quadro dos benefícios fiscais contidos na lei em apreço, tinha em vista a criação de um Sistema Tributário mais favorável à viabilidade económica das empresas, tal como inculcava o art. 2.º, pretendendo o legislador estabelecer um regime de especial neutralidade fiscal, nas operações e providências tomadas no âmbito do processo de recuperação das empresas, na esteira, aliás, das expectativas e reivindicações dos agentes económicos. A destributação das mencionadas operações, era, como actualmente é, justificada pela inexistência de proveitos económicos directos e imediatos resultantes das providências tomadas, impondo-se, com toda a justeza, as sobreditas isenções de modo a tornar menos onerosos tais processos e mais simpáticos à vista dos credores sociais.

A alteração conjuntural da economia portuguesa a par da desactualização dos mecanismos processuais previstos no Dec.-Lei n.º 177/86 impunham, à luz da experiência adquirida com a aplicação prática daquele diploma, uma reformulação global do regime das falências e, consequentemente, do processo de recuperação de empresas. Foi justamente a rápida mutação do tecido económico e empresarial, a insuficiência dos instrumentos de recuperação, a rigidez dos institutos jurídico--processuais preconizados pelo legislador de 86 e, mesmo, algumas dúvidas de aplicação prática do regime positivo que terá justificado a suspensão do processo legislativo ordinário para desenvolvimento das isenções autorizadas pela Lei n.º 3/92 e a intenção do Governo de criar um regime tendencialmente inovador, fiscal e processual, para a obtenção de resultados práticos positivos na recuperação de empresas economicamente viáveis, mas com dificuldades financeiras. É face a esta realidade e neste quadro de intenções que devemos integrar a Lei de Autorização Legislativa n.º 16/92, de 6.8 e as medidas constantes do novo diploma definidor dos processos especiais de recuperação de empresas e de falência.

Numa análise global, dir-se-á que a estatuição do quadro dos benefícios fiscais contidos quer na Lei de Autorização Legislativa, quer no Decreto-Lei que a desenvolve, obedeceu à lógica do princípio da neutralidade tributária, permitindo aos sujeitos intervenientes no processo de recuperação tomar as melhores decisões em matéria de saneamento económico--financeiro das empresas, conseguindo-se, que o elemento fiscal não constitua obstáculo impeditivo das providências a tomar para atingir tal desiderato. Não pretendeu o legislador que as medidas fiscais constituíssem a pedra de toque do novo regime, criando incentivos ou estímulos à recuperação das empresas, mas apenas estabelecer um regime que, não sendo o elemento propulsor e dinamizador da viabilização, permitisse a tomada de decisões económicas por parte dos respectivos agentes, livres de quaisquer influências negativas de natureza fiscal. Os benefícios, na modalidade de isenções, previstos no novo diploma de recuperação de empresas e de falência não devem ser encarados como medidas dinâmicas mas, outrossim, como medidas estáticas reveladoras da firme intenção do legislador de propiciar as melhores condições para a obtenção de resultados positivos na aplicação da Lei, objecto da nossa intervenção.

Tais benefícios centram-se, fundamentalmente, ao nível dos Impostos sobre o Rendimento — IRS e IRC — Impostos de Sisa e de Selo, cumprindo, desde já, uma perfunctória análise das operações isentas, que, na linha orientadora que vimos seguindo, passa pela dissecação do texto legal regulamentador do processo de recuperação e sua compaginação com as leis de autorização legislativa a ele subjacentes.

O art. 4.º do Projecto de Diploma do Processo Especial de Recuperação de Empresas — a que abreviadamente chamaremos Lei de Recuperação — prevê quatro espécies de providências jurídicas que podem ser tomadas como instrumento de viabilização financeira das empresas em difícil situação económica: a concordata, o acordo de credores, a reestruturação financeira e a gestão controlada.

A concordata regulada nos arts 66.º e segs. do citado Projecto, consiste na redução ou modificação da totalidade ou parte dos débitos, podendo a modificação limitar-se à moratória. O Acordo de Credores, previsto no art. 78.º, tem em vista a constituição de uma ou mais sociedades destinadas à exploração dos estabelecimentos da empresa recuperanda, no pressuposto da extinção desta e desde que os credores assumam a continuação dos negócios sociais. A reestruturação financeira e a gestão controlada, são providências mais complexas, e férteis em operações conducentes à efectiva viabilização das empresas, consistindo, a primeira, num conjunto de medidas que mantendo a empresa recuperanda, pretende a superioridade do activo sobre o seu passivo e a segunda, num plano de actuação global concertado entre credores e executado por intermédio de uma *nova* administração.

Os benefícios fiscais em sede de IRS e IRC enumerados na Lei de Recuperação são atribuídos consoante a espécie de providência adoptada para a viabilização da empresa. Isto é, o legislador não optou por uma formulação genérica dos benefícios a conceder nos actos a praticar no decurso do processo de recuperação, antes condicionando a respectiva isenção à providência no âmbito da qual a operação foi realizada. Verifica-se, nesta esteira, uma dupla limitação à concessão — automática como concluiremos — do benefício fiscal, que levanta algumas dificuldades de interpretação do texto legal, e é susceptível de merecer alguns reparos. Só a natureza excepcional dos favores concedidos pela Lei Fiscal e a necessidade de evitar o aumento da carga tributária — consequência normal quando se concedem exagerados benefícios — permitirão explicar o sentido da opção legislativa.

2.2. *Benefícios Fiscais nos impostos sobre o rendimento.*

No que tange aos Benefícios Fiscais concedidos em sede de IRS e IRC, dir-se-á que as constrições orçamentais terão certamente impedido o legislador de estabelecer um esquema de incentivos, tendo-se limitado a erigir um regime de isenções estáticas, que se reduzem aos ganhos de mais valias, às variações patrimoniais positivas e ao tratamento dos prejuízos fiscais.

Como é sabido, com a reforma fiscal de 1989, foi alargada a base da incidência nos impostos sobre o rendimento e, concomitantemente, adoptada a teoria do rendimento-acréscimo em detrimento da teoria do rendimento-produto que vigorou no sistema cedular vigente até 1988. Resultante do alargamento da incidência real positiva, o ganho de mais valias passou a ter no sistema tributário português uma dimensão crescente, considerando-se, actualmente, facto gerador da obrigação de imposto a transmissão onerosa de quaisquer direitos reais sobre bens imóveis e a alienação, igualmente onerosa, de participações sociais, tal como prescreve o art. 10.º do Código do Imposto sobre o Rendimento das Pessoas Singulares (C.I.R.S.). Do mesmo modo prevê o art. 20.º do Código do Imposto sobre o Rendimento das Pessoas Colectivas (C.I.R.C.) que, para efeitos de determinação do rendimento tributável, se consideram proveitos, os ganhos derivados das operações de qualquer natureza em consequência de uma acção, normal ou ocasional, básica ou acessória, resultantes, entre outras, das mais valias realizadas.

A conformação do sistema fiscal e a definição da moldura definidora dos factos tributários, determinariam o nascimento da obrigação de imposto quando a empresa sujeita ao regime de recuperação realizasse operações de alienação de determinados bens, de que resultasse um ganho de mais valias. Como a maioria dos bens alienados pela empresa recuperanda, em cumprimento das deliberações tomadas pelos credores, são imóveis, cuja valorização é permanente, resultaria das providências um natural rendimento de mais-valia, com a consequente obrigação de satisfazer a prestação tributária que impende sobre o titular de tais ganhos. É, precisamente, para evitar as iniquidades que o sistema positivo acarretaria, que a Lei de Recuperação prevê a Isenção de IRS e IRC das *mais-valias geradas* nas seguintes operações:

1 — *Dação em cumprimento* de bens da empresa para extinção total ou parcial dos seus débitos, quando adoptada em sede de *reestruturação financeira*, nos termos do preceituado no art. 119.º, n.º 1 conjugado com a alínea *d)* do n.º 1 do art. 88.º e art. 93.º.

2 — *Cessão de bens aos credores*, quando adoptada no âmbito da *mesma providência*, como resulta da conjugação da alínea *e)* do n.º 1 do art. 88.º com o n.º 1 do art. 119.º.

3 — *A dação em cumprimento* e a *cessão de bens aos credores*, efectuados ao abrigo da *gestão controlada*, como se alcança do n.º 1 do art. 119.º compaginado com os arts. 100.º, n.º 1 e 88.º, n.º 1, alínea *e)* e *d)*.

4 — *Cessão dos elementos do activo da empresa*, mas apenas quando tomada no âmbito da gestão controlada, como se conclui dos arts. 119.º, n.º 1 e 101.º, n.º 1, alínea *f)*.

A isenção do ganho de mais valia prevista nesta última hipótese, levanta uma dificuldade de interpretação, que se traduz no alcance do benefício concedido.

Reza assim o n.º 1 do art. 119.º: As mais valias realizadas por efeito da dação em cumprimento de bens da empresa e da cessão de bens aos credores ou — e atente-se na formulação legal — *por efeito da cessão* aos credores de elementos do activo da empresa, prevista na *alínea f) do n.º 1 do art. 101.º*, estão isentas de imposto, não sendo consideradas para a determinação da matéria colectável do devedor. A sobredita alínea *f)* do n.º 1, art. 101.º prevê a possibilidade de ser prescrita, na deliberação da Assembleia de Credores realizada no âmbito da gestão controlada, como meio de execução do plano a *venda, permuta* ou *cessão* de elementos do activo da empresa. Como o n.º 1 do art. 119.º — norma que estatui o benefício fiscal — apenas se reporta à *CESSÃO* e porque o art. 101.º permite não só a *cessão* como também a *venda* ou *permuta*, é legítimo perguntar-se se o eventual ganho resultante das operações de *venda* e *permuta* dos elementos do activo das empresas estão, ou não, isentas de imposto. A resposta positiva parece contender com a natureza excepcional da norma em apreço. Efectivamente, como dissemos na nossa introdução teórica, as normas definidoras dos benefícios fiscais, dado que constituem uma verdadeira excepção ao regime regra que é a sujeição a imposto, admitem interpretação extensiva mas não aplicação analógica. Afastada a hipótese da analogia, resta saber se o legislador quis abranger no espírito da Lei, a venda e permuta dos elementos do activo da empresa. Se bem atentarmos, o ganho de mais valias resultante da cessão pura e simples de tais elementos não está isenta de imposto, mas apenas, como se alcança do n.º 1 do art. 119.º, *A CESSÃO AOS CREDORES*, pelo que a Lei restringiu as operações em que é concedida a dita isenção. Tomando como padrão referencial o critério legislativo exposto, somos de parecer que os ganhos de mais valias resultantes da venda ou permuta dos elementos que compõe o activo patrimonial da empresa estão, por regra, sujeitos a imposto, apenas lhes aproveitando a isenção quando o adquirente ou permutante for um dos respectivos credores. De outro modo, o legislador deveria tê-lo referido expressamente.

Estão também isentas de IRC as variações patrimoniais positivas resultantes das alterações aos débitos das empresas, não concorrendo para a formação do lucro tributável da sociedade.

Nos termos do art. 21.º do Código do IRC são consideradas, para a determinação do lucro tributável das pessoas colectivas, as *variações patrimoniais positivas*, regime que se explica face ao novo conceito de rendimento adoptado pelo Código do IRC. Em que consistem, antes de avançarmos para a análise do benefício fiscal, as variações patrimoniais. O património de uma empresa está sujeito a variações em consequência das operações realizadas. Algumas dessas operações alteram a *composição* do seu património — variações qualitativas, e outras existem que, para além da composição alteram o seu valor — variações quantitativas que são positivas quando implicam o aumento do património da empresa. São precisamente as alterações quantitativas que a Lei Tributária sujeitou a imposto porquanto concorrem para o cálculo do lucro tributável ([5]). Pois bem, nos termos do art. 119.º, n.º 2, as variações patrimoniais positivas estão isentas de IRC nos seguintes casos:

1 — Quando resultarem da *redução* ou *modificação da totalidade* ou parte dos *seus débitos*, aprovados na *Concordata*.

2 — Quando se preveja a redução do valor dos créditos, o condicionamento do respectivo reembolso às disponibilidades do devedor, a modificação dos prazos de vencimento ou das taxas de juro dos créditos, e a conversão destes em participação no aumento do capital, no âmbito da *reestruturação financeira* da empresa.

3 — Quando se adoptem estas mesmas medidas, para viabilização da empresa, e a providência eleita seja a *GESTÃO CONTROLADA*.

([5]) Neste sentido, Vd. Código do Imposto sobre o Rendimento das Pessoas Colectivas, anotado, D.G.C.I.

Se os benefícios fiscais, em que se traduzem as isenções das mais valias e a liberação das variações patrimoniais positivas, plasmados nos n.ᵒˢ 1 e 2 do art. 119.º da Lei de Recuperação constituem verdadeiras excepções ao quadro-regra da sujeição a imposto, outro tanto não se dirá do benefício a que se reporta o n.º 3 do mesmo preceito.

Dispõe o n.º 3 do art. 119.º: «O valor dos créditos que for objecto de redução por força de qualquer providência de recuperação de empresa, devidamente homologada, é dedutível, como prejuízo fiscal de um ou mais dos cinco exercícios posteriores à data da homologação, ao lucro tributável do respectivo credor, para efeitos de determinação da matéria colectável de impostos sobre o rendimento das pessoas singulares e colectivas». A presente regra epigrafada de «Benefícios relativos ao IRS e IRC» tem em vista permitir ao sujeito activo da relação jurídica estabelecida com o devedor em recuperação, a possibilidade de deduzir à sua matéria colectável o valor dos créditos correspondente à redução aprovada na respectiva providência. Pretende-se, com a norma sub-judíce, não sujeitar ao pagamento do imposto a parte dos créditos que tenha sido reduzida no processo de recuperação de empresas, entendendo o legislador fiscal que apenas constitui rendimento sujeito ao ónus tributário a parte dos débitos efectivamente assumidos e pagos pela entidade devedora. De outro modo, o titular dos créditos seria duplamente onerado: enquanto sujeito activo da relação creditícia porque assistiria à diminuição dos valores patrimoniais a ingressar na sua esfera jurídica; enquanto sujeito passivo da relação tributária porque sobre ele impenderia a obrigação de pagar uma dívida fiscal resultante de valores que efectivamente não recebeu e dos quais nunca dispôs. Estamos, assim, face a um verdadeiro desagravamento estrutural impeditivo do dirigismo tributário que de outra forma se verificaria, com consequências perniciosas ao nível da actividade desenvolvida pelos agentes económicos, cuja prestação fiscal seria agravada sem qualquer justificação económica e jurídica. Tal regime, todavia, pouco tem de inovador.

Com efeito, a hipótese de o contribuinte — pessoa singular ou colectiva — poder deduzir como custo, ou prejuízo, do exercício o valor dos créditos objecto de redução em sede de recuperação de empresas, já se encontra prevista nas regras definidoras do processo gracioso de lançamento, inscritas nos respectivos Códigos, apenas lhe restando o mérito de aclarar o sentido da definição de perdas.

Dispõe o art. 23.º do Código do IRC que se consideram custos os valores que comprovadamente forem indispensáveis para a realização dos proveitos ou ganhos sujeitos a imposto ou para a manutenção da fonte produtiva, nomeadamente as *PROVISÕES*, sendo certo, como se alcança do preceituado no art. 33.º que são fiscalmente dedutíveis as *PROVISÕES* que tiverem por fim a cobertura de créditos resultantes da actividade normal que no fim do exercício possam ser considerados de cobrança duvidosa. Ora, são créditos de cobrança duvidosa, nos termos do art. 34.º daquele diploma, aqueles em que o risco de incobrabilidade se considere devidamente justificado, o que se verificará quando o devedor tenha pendente processo especial de recuperação de empresa ou falência. Assim, e na ausência do benefício mitigado consagrado no n.º 3 do art. 119.º, sempre o credor poderia considerar como custo do exercício, deduzindo ao lucro tributável, o valor dos créditos proporcional à redução de que tivesse sido objecto. Todavia, o legislador de 92 não submeteu a este regime favorável, de forma expressa e inequívoca, os credores que exercem uma actividade profissional por conta de outrem ou em regime liberal, e os contribuintes que, sendo pessoas singulares, auferam rendimentos de outra natureza, nomeadamente, de capitais ou prediais, em que a empresa recuperanda figure como devedora desses valores pecuniários. Perante esta dúvida, que o legislador metodicamente deixa transparecer, diremos que a favor do «*SIM*» milita, basicamente, a inexistência de qualquer justificação plausível para se definir um tratamento diferenciado consoante a origem do rendimento, pelo que, se enfileirarmos por esta solução, é de aplicar o benefício da dedutibilidade do valor dos créditos que forem objecto de redução no processo de recuperação de empresas, ao rendimento positivo, independentemente da sua natureza e origem. Contra esta solução, alinha a expressão «*lucro tributável*» utilizada pelo legislador no n.º 3 do art. 119.º, privativa das pessoas colectivas e singulares que exerçam uma actividade comercial, industrial, agrícola, silvícola ou pecuária e a natureza excepcional da medida em apreço. Numa visão apriorística, perfilhamos a primeira hipótese, tanto mais que na negativa, o n.º 3 do art. 119.º ficaria despido do seu sentido prático e, como impõe a regra fundamental em matéria de interpretação, onde não distingue a Lei, não pode o intérprete distinguir.

Ao contrário dos benefícios fiscais gizados para os impostos sobre o rendimento que, como vimos, estão dependentes da providência acolhida pelos credores, a Isenção do Imposto Municipal de Sisa tomou em consideração, como facto impeditivo do nascimento da obrigação de imposto, a operação a efectuar com vista à recuperação da empresa, independentemente da providência em que se integra. Assim, nos termos do art. 121.º do Projecto da Lei de Recuperação, estão isentas de Sisa as transmissões de imóveis que se destinam:

1 — À constituição da sociedade, resultante do *Acordo de Credores*, bem como à realização do seu capital;

2 — À realização do aumento de capital da sociedade em recuperação, preconizado em sede de *reestruturação financeira ou gestão controlada*, tendo por finalidade assegurar que o capital da sociedade — nomeadamente imobiliário — corresponda a uma percentagem superior relativamente ao passivo apurado.

A estes benefícios acrescem as seguintes isenções, integradas em qualquer das providências de recuperação e que decorram:

1 — Da Cedência a Terceiros — credores ou não — de imóveis da empresa recuperanda e que se destinam a conseguir fundo de maneio para o giro comercial ou industrial;

2 — Da Alienação de participações representativas do capital da sociedade, como instrumento de reestruturação financeira ou gestão controlada.

Tratam-se de isenções para obviar à tributação regra, imposta nos casos em que o cessionário obtenha 75% do capital social, que lhe atribui uma nítida posição de predomínio, e quando a sociedade seja titular de bens imobiliários, que, quando alienados isoladamente, constituiriam facto gerador.

3 — Da Dação em cumprimento de bens da empresa e cessão de bens aos credores;

4 — Da Autonomização jurídica de estabelecimentos comerciais ou industriais, através da sua transferência para sociedades dominadas pela empresa, já existentes ou a constituição com esse objectivo;

5 — Da venda e permuta dos elementos que compõem o activo patrimonial da empresa;

6 — Dos arrendamentos a longo prazo, entendendo-se como tais aqueles que devam durar mais de trinta anos, posto que os arrendamentos celebrados por prazo inferior, não estão sujeitos a este imposto, por força da norma definidora da incidência positiva que, como se sabe, é portadora, no dizer de Alberto Xavier ([6]), de um silêncio eloquente.

Por último, resta-nos abordar os benefícios relativos ao imposto de selo. Antes de mais, impõe-se uma crítica à formulação do art. 120.º da Lei de Recuperação que no seu corpo estatui:

«Estão isentos de imposto de selo, *quando a ele se encontrem sujeitas* as seguintes providências:». É evidente que, constituindo a isenção um facto impeditivo do nascimento da obrigação de imposto, a norma que a estabelece só se aplica às situações abarcadas pelas normas de incidência tributária positiva, isto é, aos factos que a lei de imposto considera como factos geradores da respectiva obrigação e que estão abrangidos

---

([6]) *Manual de Direito Fiscal*, Lisboa.

no quadro da tributação regra. Posta assim a questão, é repetitivo dizer-se que estão isentos de imposto quando a ele se encontram sujeitos, porquanto as operações que não constituem facto tributário, são estranhas ao sistema fiscal e se não são susceptíveis de fazer nascer a relação de imposto, não há que, quando a elas, equacionar-se uma hipótese de isenção. A figura jurídica da isenção obsta ao normal desenvolvimento da obrigação tributária e se esta inexiste, prefigurar-se um benefício fiscal para tolher a produção de efeitos jurídicos que se não podem verificar, constitui, sem dúvida, um contra-senso. Assim, e em face desta retórica argumentativa, é despropositada e excessiva a expressão «quando a ele se encontrem sujeitos» e censurável enquanto parte integrante do texto legal.

Que benefícios, cumpre agora enunciar, consagrou a Lei de Recuperação relativamente ao imposto de selo? Nos termos do citado preceito, estão isentas as seguintes providências:

1 — A emissão de letras ou livranças para satisfação dos créditos assumidos no seio da *Concordata*;

2 — A constituição de nova sociedade, resultante do *Acordo de Credores*;

3 — As modificações dos prazos de vencimento ou das taxas de juro dos créditos, aprovados em sede de *reestruturação financeira e gestão controlada*;

4 — Os aumentos de capital, a conversão dos créditos em capital e a alienação de participações, bem como a dação em cumprimento e a cessão de bens aos credores, delineados *naquelas providências*; e

5 — Como instrumento de execução do plano concertado para a *gestão controlada*, a realização de operações de financiamento, o trespasse ou cessão de exploração de estabelecimentos da empresa, a constituição de sociedades e a transferência de estabelecimentos comerciais, a venda, permuta ou cessão de elementos do activo da empresa e ainda, a locação de bens.

A constituição de sociedades, como resultado do Acordo de Credores ou para a transferência de estabelecimentos da empresa em recuperação, é uma das providências abrangidas pela isenção do imposto de selo, medida aplicável independentemente do tipo societário adoptado pelos intervenientes no processo especial em análise. É este o regime decorrente das alíneas b) e f) do art. 120.º do Projecto da Lei de Recuperação, que não subordina a atribuição do Benefício, ao modelo de sociedade eleito para a viabilização da empresa. A vocação ecuménica desta particular isenção levanta sérios problemas de regularidade constitucional quando confrontada com a respectiva Lei de Autorização Legislativa. Senão vejamos; dispõe o art. 1.º, n.º 2 da Lei de Autorização n.º 3/92: é concedida ao Governo autorização para isentar de imposto de selo a constituição de sociedades resultantes do Acordo de Credores, quando revistam a forma de sociedade em *nome colectivo ou em comandita simples*, e a constituição de sociedades com vista à autonomização jurídica de estabelecimentos comerciais ou industriais, quando revistam a forma prevista na alínea anterior.

Encurtando razões, o Decreto-Lei a publicar no uso da autorização legislativa ultrapassa os limites impostos pelo órgão parlamentar, conquanto isenta de imposto de selo a constituição de sociedades independentemente da forma que revistam, quando é certo que o art. 1.º da Lei n.º 3/92, definidora do objecto e extensão da autorização atribuída ao Governo, apenas permitiu a concessão do referido benefício fiscal nos casos em que aquelas entidades jurídicas assumam a forma de sociedades em nome colectivo ou em comandita simples. Ao exceder as balizas constantes da Lei de Autorização n.º 3/92, o preceito sub-judíce viola, entre outros, o princípio da legalidade tributária acolhido nos arts. 106.º, n.º 2 e 168.º, n.º 1, alínea i) do Texto Constitucional ([7]).

Uma palavra conclusiva, antes de abordarmos as implicações processuais em matéria fiscal da Lei de Recuperação, para o tipo de desagravamentos constantes deste acto legislativo: são

---

([7]) Não obstante a já consagrada, desoneração do Imposto de Selo na constituição de sociedades anónimas e por quotas.

benefícios fiscais estáticos, que operam ope-lege, não condicionados a qualquer pressuposto, e que impedem, no todo, a produção de efeitos declarativos da obrigação tributária. Censuravelmente não se incluíram, no projecto do diploma, medidas susceptíveis de incentivar os credores a aceitar as propostas de recuperação, o que poderia ter sido idealizado, nomeadamente atribuindo-se vantagens de ordem fiscal aos sujeitos que aceitassem a redução dos créditos, ou a continuação dos negócios da empresa recuperanda.

3. Consequências da Lei de Recuperação na marcha do processo de execução

Como prometemos no início da nossa intervenção, analisaremos nesta Segunda Parte, os preceitos do Código de Processo Tributário que condicionam as providências a tomar no âmbito do processo especial em apreço, bem como as principais consequências da Lei de Recuperação ao nível do processo de execução fiscal.

A primeira questão é levantada pela própria Administração Fiscal, que perfilha um entendimento muito próprio sobre a postura do Representante da Fazenda Pública no decurso do processo judicial de recuperação de empresas, relativamente aos créditos originados por força dos impostos legalmente exigíveis de terceiros. Nos termos do art. 22.º do Projecto da Lei de Recuperação, havendo créditos do Estado ou de instituições de Segurança Social, deverá o Ministério Público dar de imediato conhecimento da pendência da acção ao membro do Governo respectivo. Esta diligência processual visa, entre outros objectivos, permitir ao Estado dar as indicações necessárias ao seu representante para a defesa dos interesses públicos no decurso do processo, nomeadamente quanto à posição a tomar na Assembleia de Credores. Na mesma linha de orientação, dispõe o art. 62.º, n.º 2 que o Estado, as entidades públicas sem a natureza de empresas públicas e as instituições de Segurança Social, titulares de créditos sobre a empresa, *podem dar* o seu acordo à adopção das providências de recuperação, desde que a entidade competente o autorize. Este preceito vem no seguimento da solução legislativa preconizada no n.º 2 do art. 4.º do Dec.-Lei n.º 177/86 que, igualmente, sujeitava o acordo do Estado às operações de recuperação, à prévia autorização do Ministério competente.

No que respeita aos créditos fiscais e à posição a assumir pelo Representante da Fazenda Pública, ou do Ministério Público, no processo de recuperação, a Administração Fiscal Portuguesa, como se infere do ofício circulado n.º 1197 emitido em 20 de Maio de 1992 pela Direcção dos Serviços de Justiça Fiscal da Direcção Geral das Contribuições e Impostos, entende que aqueles não podem vincular-se a acompanhar nas votações das Assembleias de Credores quaisquer propostas de outras entidades, nem poderão votar favoravelmente quaisquer medidas que envolvem uma eventual diminuição das garantias dos créditos da Fazenda Pública.

O acordo do Estado às propostas dos credores fica condicionado, tal como resulta do mencionado ofício, aos seguintes parâmetros:

1 — Pagamento integral do IVA, IRS e acrescido no prazo de 60 dias a contar da deliberação da assembleia definitiva de credores;

2 — Regularização das dívidas oriundas de outros impostos apurados ou a apurar, em 60 prestações mensais e sucessivas, com perdão dos juros compensatórios e redução da multa a 5%, que deverá ser incluída no pagamento da 1.ª prestação a efectuar no mês seguinte ao trânsito em julgado da sentença homologatória. A aceitação do pagamento prestacional fica, não obstante, condicionada ao pagamento do IVA e IRS nos termos acima descritos.

3 — Deverá, ainda, o delegado do Procurador da República, se entender necessário, exigir garantia idónea, para assegurar o pagamento do IVA e IRS no prazo apontado.

O entendimento sancionado pelo Subsecretário de Estado Adjunto da Secretária de Estado Adjunta e do Orçamento, tem por base o art. 279.º do Código de Processo Tributário, segundo o qual, as dívidas exigíveis em processo executivo poderão ser pagas em prestações mensais, regime inaplicável às dívidas liquidadas nos impostos retidos na fonte ou legalmente repercutidos a terceiros.

Tratam-se de impostos em que o contribuinte é um mero cobrador do Estado e, como tal, as dívidas do IVA, repercutidas ao contribuinte de facto, e as do Imposto sobre o Rendimento das Pessoas Singulares, retidas na fonte nos termos do código respectivo, deverão ser satisfeitas de imediato. A administração fiscal, através das indicações fornecidas aos seus representantes no processo especial de recuperação de empresas, condicionou a aprovação das providências a tomar, a uma norma de natureza processual geral, não atentando nas particularidades que aquele processo envolve, nem nos interesses dos vários intervenientes que estão em jogo.

Com efeito, as balizas definidoras da posição a assumir pelo defensor dos interesses do Estado no processo de recuperação assentam, censuravelmente, numa análise inflexível do art. 279.º, n.º 2 do Código de Processo Tributário, preceito regulamentador do processo de execução fiscal e proibitivo de um comportamento aos executados no âmbito deste processo. Contudo, não nos parece acertada a interpretação da realidade jurídico-processual perfilhada pela Administração Fiscal. Desde logo porque o preceito invocado para obviar a um acordo de pagamento em prestações em sede de IVA e IRS — o citado art. 279.º — tem em vista regulamentar, objectivamente, uma especial relação adjectiva para cobrança coerciva do imposto. O processo de execução fiscal está vocacionado para conseguir a arrecadação efectiva desta receita pública, independentemente da capacidade económico-financeira do contribuinte e das repercussões que a marcha processual possa causar na actividade por ele desenvolvida. E como se tratam de impostos que o sujeito passivo exigiu de terceiros, verdadeiros contribuintes de facto da relação tributária, faz sentido que a Lei processual geral proíba o regime prestacional nos impostos retidos na fonte ou economicamente repercutidos. O que já não fará tanto sentido, é decalcar este regime, aplicando-o, sem mais, aos contribuintes em situação financeira difícil, mas em vias de saneamento, como são todas as empresas que se submetem ao processo judicial de recuperação.

Neste caso, o regime inserto no processo de execução fiscal que proíbe o pagamento em prestações de impostos retidos ou repercutidos deve ceder perante os superiores interesses de recuperação dos agentes económicos. Tratam-se de situações especiais, que se apartam do comum dos contribuintes inadimplentes, merecedoras de um regime diferente do proposto na regra geral contida no Código de Processo Tributário, a definir como solução de compromisso que consiga, simultaneamente, a recuperação efectiva da empresa, sem prejuízo dos interesses patrimoniais do Estado. E tal solução pode passar, naturalmente, pelo pagamento integral do IVA e IRS devido pelo contribuintes recuperando, em prestações, acrescido de um juro favorável.

De outro modo, e a colher a doutrina ventilada pela Administração Fiscal, uma boa parte dos processos de recuperação estariam votados ao insucesso, com todas as consequências perniciosas que se fariam sentir no tecido económico e social. Os interesses envolvidos no processo de recuperação, quer dos credores «comuns» quer dos trabalhadores e a possibilidade de salvamento de uma unidade produtiva, são factores que justificam uma reanálise da posição assumida pelas entidades públicas, que deverão apostar, e acreditar, na recuperação das empresas e na manutenção dos respectivos postos de trabalho. A aplicação rígida do art. 279.º do Código de Processo Tributário ao processo especial de recuperação de empresas, para além de juridicamente ilegítima é, face à actual conjuntura económica, insustentável. Pela razão aduzida é igualmente criticável a posição que a Administração quer fazer prevalecer relativamente ao pagamento do IVA e IRS e ao pagamento em prestações das demais obrigações, cuja anuência fica dependente da satisfação, imediata e integral, daqueles impostos. Também aqui não descortinamos qualquer razão que, jurídica ou economicamente, justifique a condição imposta pelos serviços fiscais que, como se alcança do Ofício de 92, só aceitam a regularização dos impostos em prestações se o IVA e o IRS forem pagos integralmente no prazo de 60 dias a contar da data da deliberação da assembleia definitiva dos credores. Reproduzindo os juízos expendidos, o pagamento integral dos impostos repercutidos e retidos na fonte como condição de aceitação por parte do Representante da Fazenda Pública do pagamento diferido dos demais, afigura-se excessivo, economicamente incorrecto e socialmente ilegítimo.

Contudo, as reflexões que hoje fizermos, e as conclusões a que aqui podemos chegar, não terão outro efeito que não seja o de influenciar, positivamente, a nossa Administração Fiscal. Lamentavelmente, o projecto da Lei de Recuperação de empresas não contém qualquer preceito que fixe ou altere o sentido da posição a adoptar pelo Representante da Fazenda Pública na Assembleia de Credores.

E bastava, para tanto, no capítulo dedicado às disposições finais e transitórias, incluir, com a necessária autorização, uma alteração ao n.º 2 do art. 279.º do Código de Processo Tributário, excepcionando a aplicação do regime nele constante aos executados cuja viabilidade financeira fosse possível, e judicialmente em curso.

Questão diferente da enunciada, mas que foi objecto de tomada de posição do legislador da Lei de Recuperação, é a que se refere à suspensão das execuções fiscais.

Aproveitando a entrada em vigor do Código de Processo Tributário, que ocorreu em 1991, e face às dúvidas que o mesmo suscitou na interacção como o processo de recuperação de empresas regulamentado no Decreto n.º 177/86, a Administração Fiscal, na pessoa do Subsecretário de Estado Adjunto da Secretária de Estado Adjunta e do Orçamento, emitiu, no ofício circulado n.º 1782, de 24 de Julho de 1992, um conjunto de esclarecimentos, obrigatórios para os agentes administrativos por força da subordinação hierárquica, e com consequências na marcha do processo executivo fiscal. Segundo os «esclarecimentos» contidos naquela resolução administrativa, no caso de não adesão do Estado ao Acordo de Credores, os processos de execução fiscal avocados ao processo especial de recuperação de empresas seriam, logo após a assembleia definitiva de credores, devolvidos à Repartição de Finanças. Assim, e nos termos da interpretação da realidade jurídica perfilhada pelos Serviços Fiscais, se o Estado não aderisse ao Acordo de Credores, no final da Assembleia, os processos de execução seriam devolvidos às respectivas Repartições de Finanças, independentemente do trânsito em julgado da homologação judicial da decisão tomada na assembleia de credores, isto é, independentemente de haver, ou não, recurso da decisão da Assembleia de Credores e do efeito que lhe tivesse sido fixado. Esta conclusão, como se infere da circular de Julho deste ano, emitida, ainda, na vigência do Decreto n.º 177/86, estriba-se em dois argumentos: no perceituado no art. 264.º, n.º 4 do Código de Processo Tributário e no princípio de que a Lei posterior revoga a Lei anterior. Relativamente ao primeiro argumento, vejamos, antes de mais, o que dispõe o invocado preceito, na redacção actual: «Os processos de execução fiscal avocados serão devolvidos logo que cesse o processo especial de recuperação da empresa e de protecção dos credores ou finde o de falência ou insolvência, ou *no caso de o Estado não ter dado a sua adesão ao acordo, logo após a assembleia definitiva de credores*». Este normativo, defende a Administração Fiscal, é incompatível com o estatuído no n.º 1, 1.ª parte do art. 11.º do Dec.-Lei n.º 177/86 na medida em que, se os processos de execução fiscal ficassem suspensos até ao trânsito em julgado da homologação judicial da decisão da assembleia de credores, não poderiam ser devolvidos, logo após a assembleia, à Repartição de Finanças como a Lei expressamente prevê.

Em segundo lugar, refere a Administração, o Código de Processo Tributário entrou em vigor após o Decreto n.º 177/86, e havendo sucessão no tempo de normas incompatíveis, prevalece a lei posterior, salientando-se que o Dec.-Lei n.º 154/91, de 3 de Abril que aprovou o Código de Processo Tributário, revogou expressamente a legislação contrária ao novo diploma. Atenta a argumentação desenvolvida, e para a hipótese dos processos não serem devolvidos oficiosamente, deveriam os chefes de Repartição, nos termos do citado ofício, e enquanto autoridades da execução fioscal, solicitar directamente ao juiz a remessa dos referidos processos executivos.

Consciente das dificuldades que a aplicação do entendimento defendido e adoptado pela Administração Fiscal causava na marcha e êxito do processo de recuperação de empresas, o projecto do novo regime do instituto pré-falimentar prevê, em sede de alteração legislativa, a sujeição dos processos de execução fiscal ao mesmo tratamento processual dispensado por aquela lei aos demais processos executivos. É à luz desta problemática, e no enfoque das dificuldades práticas levantadas pela entrada em vigor do Código de Processo Tributário, que se enquadra a reformulação do art. 264.º, n.º 4 deste diploma, proposta pelo legislador de 92. Face à nova redacção deste dispositivo, os processos de execução fiscal avocados serão devolvidos logo que cesse o processo de recuperação, de concordata particular ou logo que finde o de falência, *quer haja quer não haja adesão* do Estado às propostas dos credores. Compaginando-se a alteração legislativa em apreço, com o art. 29.º do Projecto da Lei de Recuperação que define o regime de suspensão das acções propostas contra o devedor, concluímos que, independentemente da posição adoptada e do sentido da votação do defensor dos interesses tributários do Estado no seio da assembleia de credores, proferida a decisão que admite o processo de recuperação — o despacho de prosseguimento — ficam suspensas todas as execuções instauradas contra a empresa, salvo se, antes desse prazo, for proferida sentença com trânsito em julgado que homologue, ou rejeite, a providência de recuperação. Assim, pretendeu o legislador uniformizar o regime jurídico da suspensão das acções pendentes contra as empresas em recuperação, pondo termo a um especial favorecimento atribuído às execuções fiscais que, como alguma pertinência, foi ventilado pela Administração Fiscal Portuguesa.

Cremos que a paridade dos interessados, no âmbito do processo de recuperação de empresas, em homenagem ao princípio da igualdade dos credores inserto no art. 62.º, é uma medida positiva, tanto mais que o intervencionismo tributário do Estado, quando injustificado, é susceptível de causar distorções indesejáveis nos mecanismos processuais e de contribuir para obviar à moralização da relação institucional físico--contribuinte que hoje se pretende colaborante.

Inflectindo, todavia, neste propósito, o novo regime de viabilização de empresas e falência não adianta qualquer alteração no instituto da responsabilidade subsidiária. Com excepção da inconsequente alteração ao art. 14.º do Código de Processo Tributário, que disciplina a responsabilidade dos liquidatários da sociedade, a Lei de Recuperação não nos traz qualquer novidade no tocante à responsabilidade do titular do Estabelecimento Individual de Responsabilidade Limitada e dos gerentes ou administradores pelas dívidas do estabelecimento e da sociedade. Mantém-se a supremacia da Lei Fiscal face à Lei Comercial, e o regime gravoso que a responsabilidade subsidiária dos empresários, gerentes e administradores comporta.

Os primeiros no caso de falência do estabelecimento, para salvaguardarem o seu património pessoal não afecto à actividade mercantil, deverão fazer prova, em sede de oposição à execução fiscal, que foi devidamente observado o princípio da separação patrimonial e que não foi por culpa sua que o património do estabelecimento se tornou insuficiente para a satisfação das dívidas fiscais.

Quanto aos gerentes e administradores, mantêm-se nos presentes termos até hoje vigentes, a sua responsabilidade pelas dívidas das sociedades. A lei processual presume que aqueles agiram com culpa no exercício da sua actividade de gerência ou administração respondendo, no caso de falta ou insuficiência de bens da empresa, subsidiária, solidária e integralmente pelas dívidas fiscais do devedor originário. Sobre os administradores recai o dever de provar que não foi por culpa imputável ao desempenho das suas funções que o património da empresa se tornou insuficiente para o pagamento dos débitos tributários e que ao tempo do nascimento da dívida não exercia qualquer função na sociedade ou, mesmo, que de facto nunca exerceu a função de gerência.

No que tange aos liquidatários, a sua responsabilidade, de natureza pessoal e solidária, só se verifica se estes, na liquidação das sociedades, não começarem por satisfazer as dívidas fiscais em conformidade com a ordem prescrita na sentença de verificação e graduação dos créditos nela proferidos, tal como ressalta da alteração proposta na nova regulamentação falimentar.

Este regime, que se resume a uma verdadeira fiança legal, é especialmente injusto quando a gerência ou administração da empresa é confiada a administradores contratados, sem participação no capital social, nas mais das vezes submetidos a verdadeiras ordens e imperativos provenientes do sócio com capacidade de decisão. Nestes casos, o estigma da responsabilidade é particularmente excessivo, porquanto são chamados a responder subsidiariamente terceiros estranhos à relação tributária que só muito remotamente contribuíram para o estado de degradação financeira da empresa. E como a responsabilidade dos gerentes é solidária, estes são chamados a satisfazer a totalidade dos débitos fiscais da sociedade. Naturalmente que contra esta realidade, se pode esgrimir o argumento a que se refere o art. 13.º do C. P. Tributário, segundo o qual tais administradores (subordinados) poderão fazer prova de que não foi por culpa sua que o património da empresa se tornou insuficiente para o pagamento dos débitos fiscais, posta a relação de hierarquia que o distanciava dos órgãos decisórios. Trata-se, todavia, de uma argumento altamente falacioso, porque os garantes subsidiários das dívidas da sociedade, são chamados muitas vezes anos depois do encerramento da empresa, tornando-se difícil, verdadeiramente diabólica, a prova, cujo ónus lhes incumbe, de que não são responsáveis, do ponto de vista funcional, pela debilitação ou falência da sociedade devedora.

De todo o modo, quer tenham poder decisório quer não, o certo é que a responsabilidade subsidiária, tal como se define no Código de Processo Tributário, e que aqui foi trazida à liça, é extremamente agressiva, revelando uma injustificada supremacia dos interesses patrimoniais do Estado, face à protecção dos bens pessoais dos timoneiros das empresas.

A desprotecção dos bens próprios dos gerentes ou administradores, é ainda mais agravada, se tivermos em linha de conta que, proferido o despacho de reversão da execução, esta continua a sua marcha processual e, havendo oposição do responsável subsidiário, só se suspende se for prestada garantia idónea, ou após a penhora desses bens. E como as garantias exigidas pela lei são dispendiosas, os responsáveis subsidiários não encontram outra solução que não seja a de se sujeitarem à penhora, aguardando por um resultado positivo do processo de oposição, que pode demorar alguns anos.

O novo Código das Falências para além de não alterar o regime positivo, poderá ter contribuído, inclusivamente, para extremar a injustiça do instituto da responsabilidade subsidiária, ao extinguir, com a declaração de falência, os privilégios creditórios do Estado. Se até aqui, as dívidas fiscais eram pagas com preferência relativamente às dívidas comuns, e os gerentes seriam chamados a cumprir o remanescente, no âmbito da nova lei de recuperação, estamos em crer, o valor não pago das dívidas tributárias da sociedade falida será maior, e na mesma medida, agravado o quantum da sua responsabilidade.

A extinção dos privilégios creditórios do Estado, como prevê a nova lei de recuperação, situa-se nos antípodas dos interesses daqueles que exercem na empresa função de gerência ou administração, medida que deveria ter sido acompanhada de uma alteração legislativa que permitisse amaciar o instituto da fiança legal.

Face ao exposto, não se pode encarar a extinção dos privilégios creditórios tributários, como um passo dado no sentido de uniformizar os credores da sociedade, e muito menos como a renúncia do Estado aos seus interesses patrimoniais, mas antes como um simples paliativo, susceptível de tornar o processo de falência mais simpático à vista dos credores sociais, mas incapaz de, minimamente, resolver os problemas dos titulares das empresas. Aliás, só a perspectiva da satisfação dos débitos fiscais junto dos responsáveis subsidiários, justificará que o Estado abra mão dos privilégios creditórios de que até hoje dispunha.

Que comentários, genéricos e conclusivos, nos apraz fazer ao projecto regulamentador do instituto da falência e do fenómeno pré-falimentar?

Do ponto de vista substantivo, perfilham-se algumas medidas tendentes a beneficiar fiscalmente as operações praticadas no âmbito da recuperação das empresas. Tais benefícios, não obstante, visam apenas neutralizar as providências adoptadas com vista à viabilização financeira e não a atrair os credores às soluções de saneamento económico das unidades produtivas. Julgamos que o legislador não foi sensível à necessidade de criar incentivos dinâmicos, propulsores da efectiva recuperação da empresa, não tendo acreditado nos efeitos positivos que estes processos poderiam causar no tecido empresarial português. A lei em apreço, dizemos sem receio, demonstra uma especial atinência com o quadro da tributação regra só derrogado em situações verdadeiramente excepcionais.

Do ponto de vista adjectivo, a lei de recuperação tem o mérito de definir um regime paritário da suspensão das acções intentadas contra a empresa em situação de pré-falência, mas votou ao ostracismo problemas merecedores de alguma ponderação e reapreciação. Nesta fileira alinha o regime jurídico da responsabilidade subsidiária dos comerciantes pelas dívidas fiscais do estabelecimento de responsabilidade limitada, dos gerentes e administradores pelas dívidas da sociedade, e ainda a falta de regulamentação específica susceptível de travar a inflexibilidade das posições assumidas pela Administração Fiscal Portuguesa no seio da recuperação das empresas que bem patenteia o apego do Estado aos seus interesses materiais.

SOBRE A POSIÇÃO DOS CREDORES EM FACE DO PROJECTO DE REFORMA DO DIREITO FALIMENTAR

ANTÓNIO GRAÇA MOURA
Advogado e Assistente do Departamento de Direito
da Universidade Portucalense

Porto, 28 de Novembro de 1992

Excelentíssimo Senhor Presidente do Conselho Distrital do
   Porto da Ordem dos Advogados,
Excelentíssimos Senhores Magistrados,
Ilustres Colegas,
Minhas Senhoras e meus Senhores:

   Tenho o privilégio e o prazer de hoje me encontrar perante vós na sequência da possibilidade que amavelmente me proporcionou o Conselho Distrital do Porto da Ordem dos Advogados de aqui vir prestar a minha modesta contribuição para o conhecimento — e, na medida do possível, para o esclarecimento — das linhas gerais de um diploma que, pode afirmar-se sem risco de exagero, se encontra entre os mais aguardados da recente actividade legislativa em Portugal, ao menos em matéria de codificação.
   Se quanto ao prazer que me proporciona a oportunidade de me debruçar sobre o tema proposto, obviamente aliciante, lhes asseguro não poderem levantar-se dúvidas, já outro tanto se não poderá dizer quanto ao merecimento da honra com que me sinto distinguido por me ver incluído no rol dos primeiros a quem se depara a possibilidade de tecer considerações e esboçar comentários sobre o articulado de um diploma normativo de tão grande importância como é o futuro Código das Falências — ainda que tenha de fazê-lo em sede do respectivo Projecto.
   Honra que, em boa verdade, creio imerecida, restando-me confiadamente esperar possam as virtualidades do próprio tema suprir as inferioridades do orador. E que as singelas reflexões que seguem possam, de algum modo, contribuir para dar a conhecer as traves-mestras do anunciado Projecto — cuja conversão em lei decerto pouco tardará —, relativamente aos regi-

mes jurídicos dos processos especiais de recuperação de empresa e de falência, com compreensível e particular incidência no que desses novos regimes de mais significativo resulta para a posição dos credores da empresa insolvente ou falida — antecipando já a terminologia que domina o futuro diploma.

Insignificantes são, em suma, os méritos do orador, em especial perante uma assembleia em que predominam os pragmáticos do Direito.

Resta-nos esperar que possa, ao menos, o seu conhecimento até certo ponto privilegiado do texto projectado para vir a valer como lei contribuir para o esclarecimento, ainda que em linhas de necessária generalidade — pois vasto é o tema, e limitado o tempo a ele destinado —, daquilo que de mais significativamente inovador iremos encontrar no impropriamente chamado Código das Falências cuja publicação se aguarda.

1. Desnecessário se torna, em face da importância manifesta e do evidente impacto prático do tema proposto, tecer quaisquer considerações tendentes à justificação da sua abordagem, que decerto não deixariam de parecer supérfluas.

Têm, na verdade, sido sempre, a propósito da matéria em questão, por demais evidenciados os já de si claros motivos de interesse que tal tema reveste.

Alegam-se, a este respeito, diversos e variados motivos.

É, em primeiro lugar, o contínuo alargamento do tecido empresarial, substanciado no desdobramento das potencialidades produtivas e na consequente tendência crescente para o agrupamento dos factores de produção em unidades empresariais organizadas, qualquer que seja a sua estruturação jurídica — muito embora deva reconhecer-se ser actualmente a societária, em termos quantitativos e qualitativos, a largamente prevalecente sobre as demais, seja pela sua especial aptidão a uma conveniente articulação dos factores empresariais, seja pelos meios privilegiados de limitação de responsabilidade que em princípio proporciona, seja ainda pela sua vocação natural para a aglutinação de recursos que constitui o seu núcleo económico, financeiro e mesmo jurídico.

De todo o modo, a verdade é que a empresa — individual ou societária — encontra associado ao seu contínuo desenvolvimento o de todo um tecido de vital importância em termos económicos, designadamente em termos de produção e favorecimento da circulação de bens. E este estatuto colhe não apenas quanto às empresas comerciais ([1]), mas igualmente quanto às que como tal possam qualificar-se.

Evidentemente que a prosperidade das economias nacionais depende estreitamente da sua capacidade de geração de riqueza, quer através da sua produção propriamente dita, quer da mediação privilegiada na sua transmissão.

E como força motriz do vector privatístico de tal função, assume a empresa o papel decisivo e essencial.

Compreende-se, assim, que o diagnóstico e a profilaxia das empresas que, em sequência das vicissitudes da sua vida, vejam negativamente afectada a sua situação, quer em termos de postura relativa no contexto do processo produtivo, quer em termos estritos de saúde financeira, devam ser interesses idóneos à captação do maior interesse do legislador.

Pretendeu-se, desde há muito, criar mecanismos e avançar soluções aptos, por um lado, a potenciar a recuperação dos organismos empresariais afectados por fenómenos de repercussão negativa na sua estrutura financeira, ou, por outro, a proceder à sua eliminação do panorama produtivo em termos jurídicos e económicos, obviando assim a que viessem a constituir, a partir de certo momento, nada mais do que factores de entrave — ou mesmo de engano — relativamente aos seus parceiros ou a terceiros em geral.

Da nova feição agora em vias de ser atribuída a tais meios cuidarei, pois, na presente intervenção.

([1]) Como estas se entendendo aquelas que fazem do seu objecto prática de actos compreendidos na categoria genérica do art. 2.º do Código Comercial, bem como as que o art. 230.º do mesmo corpo normativo considera como tais.

2. Como aspecto fundamental a ter igualmente em consideração perante toda a tentativa de esboço de uma teoria geral das falências e seus meios preventivos tem-se enunciado, em segundo lugar, a circunstância relevante da progressiva repartição da importância dos interesses em discussão entre o interesse dos credores da empresa impossibilitada de dar cabal satisfação aos seus compromissos e obrigações patrimoniais — tradicionalmente o único tomado em consideração neste contexto (^{2}) — e os diversos interesses ponderados na manutenção funcional da empresa em situação de dificuldade como unidade produtiva.

Na realidade, não pode, desde logo, descurar-se o facto de, muitas vezes, e em termos práticos, a viabilização da empresa poder, em potência, servir melhor os interesses dos credores do que a simples liquidação do seu património, com as condicionantes que se lhe conhecem à face da legislação actual, designadamente no que se reporta à existência de privilégios.

E por outro lado, surge, como interesse digno de tutela jurídica, um outro indissoluvelmente ligado à manutenção da unidade e funcionalidade empresariais, este de natureza marcadamente social: o dos trabalhadores na manutenção dos seus postos de trabalho.

Este aspecto — recondutível, em última análise, à «ideia-força da valorização crescente do trabalho como factor essencial e imprescindível da empresa» (^{3}) — tem conhecido recentemente uma acentuação muito particular, especialmente em razão do crescendo da importância económica, social e política dos movimentos sindicalistas, e bem assim da consagração consti-

---

(^{2}) Ao ponto de o Código de Processo Civil integrar tanto o processo de falência propriamente dito como os meios preventivos da falência nele previstos — a concordata e o acordo de credores, ambos como o eventual culminar do processo especial de convocação de credores — na secção do Capítulo XV do Título IV sob a epígrafe genérica «Liquidação em benefício de credores».

(^{3}) ANTUNES VARELA, «A recuperação das empresas economicamente viáveis em situação financeira difícil», *RLJ* 3795, 172-173.

tucional da pessoa do trabalhador como directamente interessado na gestão e fiscalização da empresa em que labora ([4]) ([5]).

É, conformemente às tendências doutrinais actualmente dominantes nos ordenamentos jurídicos europeu e norte-americano, também nesta vertente que deve ser equacionada a opção entre a criação de condições vocacionadas para a subsistência da empresa como individualidade jurídico-económica ou, pelo contrário, a sua extinção como tal e a daí decorrente liquidação do seu património.

3. Finalmente, um outro aspecto — porventura o de maior relevância — abona ainda em prol da pertinência do tema que me proponho abordar.

São conhecidas as circunstâncias de crise — unanimemente reconhecidas como sendo mais do que meramente conjunturais — que afectam, nos tempos da actualidade, numerosos e importantes sectores da economia nacional, entre os quais alguns tradicionalmente preenchidos pela iniciativa empresarial privada.

Ora, tendo presente uma concepção de empresa como unidade produtiva basilar do sistema económico do país, é uma tal situação, por si só, merecedora de preocupação e digna de atenção, impondo-se a previsão legal de meios idóneos a fomentar a sua subsistência, em especial nos casos em que esta se reveste, a um tempo, de maiores dificuldades, mas também de maior relevância no espectro macroeconómico.

São conhecidas as causas fundamentalmente determinantes da por demais alardeada crise que vem, desde tempos mais ou menos recentes, assolando o nosso panorama empresarial, se é que se pode formulá-las de modo genérico, e abstraindo de casos efectiva e reconhecidamente marginais. Resultam elas de factores que, sinteticamente, creio poderem entender-se recondutíveis, sob um prisma intrínseco, aos seguintes:

([4]) ANTUNES VARELA, *ob.* e *loc. cit.*.
([5]) Cfr. art. 54.º, n.º 5, alíneas *b)* e *c)* da Constituição da República.

a) gestão defeituosa;

b) insuficiência de investimentos realizados em face de objectivos propostos (cabendo aqui salientar a circunstância da crónica e desde há muito apontada subcapitalização das empresas societárias portuguesas relativamente aos objectivos propostos em cada caso);

c) recurso sistemático a mão-de-obra de baixo custo e, por isso, inevitavelmente pouco qualificada, com compreensíveis e evidentes reflexos na qualidade do produto e consequente desvantagem sob certos prismas concorrenciais.

Tais factores resultam, por um lado, na insustentabilidade progressiva, pelas empresas padecentes dos inerentes defeitos, de relações de concorrência agressivas ao nível dos mercados («maxime» de origem estrangeira), e, por outro, no arrastamento cadenciado que a falência massiva de empresas acaba por determinar relativamente a outras que exerçam actividades complementares delas, se bem que virtualmente rentáveis sob um ponto de vista estritamente objectivo.

4. Não é, porém, de teoria que essencialmente devo ocupar-me no âmbito desta abreviada comunicação.

Como tratamento dos problemas acima sintetizados, sempre se previu, em termos radicais, a declaração de falência; mas de igual modo sempre se procurou, quanto possível, obviar à sua declaração em casos que o justificassem, mediante a previsão normativa dos algo inexactamente chamados meios pré-falimentares (ou «preventivos da falência»).

Do desenvolvimento e evolução histórica destas duas vertentes não me cabe aqui cuidar, ainda mais relembrando terem eles já sido tratados, e com evidente e realçável brilho, na intervenção inaugural desta jornada.

Importa, isso sim, enveredar pela via da descrição e análise dos meios processuais que as integram — ou melhor, que virão a integrá-las, conforme se previsiona em face do regime jurídico projectado.

Não deixando, contudo — até como elemento fundamental da respectiva interpretação —, de estabelecer as necessárias ou convenientes referências, paralelismos ou divergências relativamente ao direito que é ainda o vigente.

Em conformidade com as próprias contingências derivadas do âmbito do tema que me foi proposto, cabe-me, nessa senda, cuidar aqui de modo particular do que dos processos falimentar e pré-falimentar resulta do Projecto sobre que tive ocasião de debruçar-me, em termos de análise da posição dos credores e em face dos procedimentos legais que enquanto tais lhes dizem, também, respeito.

5. Antes ainda de enveredar no domínio estrito do tema proposto, não poderei, como curioso — conforme prefiro designar-me — de todas as novas manifestações legislativas, e de entre estas, por uma questão de preferência muito especial, das que versam sobre o domínio jurídico-comercial, deixar de transmitir aos que me ouvem algumas das considerações gerais que, em face da filosofia que globalmente transparece do projectado diploma, se me afiguram pertinentes a título preliminar.

Faço-o não apenas, há que dizê-lo, como mero exercício de comparação entre os regimes jurídicos vigente e e presumivelmente futuro, mas também como chamada de atenção relativamente a alterações, por vezes substanciadoras de autênticas rupturas, que do novo regime decorrem relativamente ao ordenamento normativo actual, dono, como se sabe, de várias décadas de relativa estabilidade, excepto no que toca ao denominado processo especial de recuperação de empresa e protecção dos credores, cuja criação data, como é também do conhecimento geral, apenas de 1986.

São, conforme teremos ocasião de constatar e ilustrar, numerosas e, em certos pontos — porém talvez menos numerosos do que o que poderia prever-se —, substanciais as alterações em causa.

Alterações que nem sempre são, é certo, fáceis de compreender e aceitar em face da formação jurídica que a todos nos foi transmitida, em tempos, é certo, distintos, mas ainda unidos pela sequência de uma base normativa estável e, sob um pondo de vista dogmático, fortemente alicerçada na doutrina.

Não se me afigura incrível, com efeito, que qualquer jurista de formação tradicional, mesmo sob uma perspectiva mais ou menos recente neste domínio, possa, em face do texto ora projectado para valer como lei, sentir-se dogmática ou doutrinalmente traído — curiosamente a níveis que estão longe de ser os mais relevantes em termos pragmáticos.

Na verdade, logo bastará a simples leitura do seu art. 1.º («Campo de aplicação») para suscitar motivos de grande inquietude, até pela injustificação das subversões conceituais que determina — sem dúvida muito distantes das exigências pragmáticas de revisão da legislação falimentar que desde há muito vinham sendo reclamadas como essenciais.

É, realmente, digna de nota a radical alteração ali traduzida quanto a conceitos jurídicos cuja origem monta às raízes mais classicistas, como tal se encontrando alicerçada na sensibilidade e conceptualidade jurídicas unanimemente seguidas entre nós — tanto mais que dificilmente poderá vislumbrar-se uma razão verdadeiramente determinante da necessidade de tal alteração.

Como simples meio de ilustração do que acabo de afirmar, vejamos o que dispõe o art. 1.º do Projecto analisado:

> «Toda a empresa em situação de insolvência pode ser objectivo de uma ou mais providências de recuperação ou ser declarada em regime de falência.»

Resulta daqui desde logo evidente o esbatimento dos tradicionalmente distintos conceitos de falência e insolvência, em ostensiva contradição com os ensinamentos que todos herdámos dos nossos Mestres.

Esta alteração, como se disse de índole puramente conceitual, é, por esse seu âmbito restrito, por si só credora de atenção, na medida em que não pode deixar de traduzir a intenção de criação não só de uma nova materialidade normativa, mas também da circunstância de, na óptica legislativa,

dever esta ser levada ao extremo da própria reformulação dos conceitos já sedimentados em que se baseia ainda a lei actual.
Preocupação algo bizantina, talvez — mas no entanto transparecente, e com toda a evidência, do texto projectado.

Mais ainda, e sempre em face do citado art. 1.º do Projecto: a falência passa, ao que parece, a deixar de ser vista como um estado — na acepção própria do termo — para ser qualificada como, pelos vistos, um «regime», no que me parece um erro dogmático evidente e lamentável, por confundir notoriamente uma situação que é essencialmente de facto (embora deva ser juridicamente declarada) com o próprio quadro normativo a que tal facto é subsumível...

6. Prosseguindo em breve e resumida enumeração exemplificativa das inovações legislativas projectadas no plano conceitual, ter-se-á ainda em consideração a noção de empresa constante do art. 2.º do texto em análise, sem dúvida discutível por via da extrema incerteza da sua correspondência com a realidade económica, e decerto virtualmente desencadeadora, como tal, das mais enérgicas reacções de discordância por parte dos tradicionais teóricos do fenómeno jurídico-empresarial, que há muito atingiram níveis de perfeição e rigor conceitual indubitavelmente mais avançados [6].
De tal noção escapam, flagrantemente, realidades tradicionalmente abrangidas na realidade da empresa enquanto unidade jurídico-económica [7].

7. Não pretendo, contudo, discutir aqui conceitos, muito menos aqueles cuja fixação mais ou menos arbitrária — creio poder dizê-lo —, sendo absoluta por resultar directamente de textos legais, serão certa e necessariamente objecto de numerosas, profundas e qualificadas análises futuras, conforme creio

---

[6] Cfr., fundamentalmente, ORLANDO DE CARVALHO, *Direito das Empresas*, 6-7.
[7] ORLANDO DE CARVALHO, *ob. cit.*, 7-13.

dever vir a verificar-se relativamente àqueles cuja descrição antecede. Apenas alertar para o facto de o novo diploma não se cingir a alterações ao regime das figuras em análise — que seria, em face das expectativas, o essencial, mas enveredar mesmo, e talvez com bem maior ousadia, pela senda da própria transfiguração de conceitos enraizados nos costumes e consciências jurídicas.

De resto, múltiplos seriam, por outro lado, os defeitos que, em matéria de técnica legislativa, poderiam opor-se à nova lei.

De tal oposição prefiro igualmente, porém, abster-me aqui, se bem que não possa deixar de realçar a presença, no Projecto de cujo texto disponho, de absurdos sistemáticos como *v. g.* o da remissão dele constante para legislação que ele próprio se encarrega de revogar ([8]).

É, de todo o modo, tristemente reforçada a ideia, já anteriormente fundada em face de exemplos que é desnecessário mencionar, da progressiva depreciação da técnica legislativa a que vimos assistindo ao longo das últimas décadas.

É, contudo, chegado o momento de abandonar os considerandos gerais que a tal respeito poderiam — e, sem dúvida, deveriam — tecer-se, para enfim atacar o tema específico a que se cinge o objecto do nosso brevíssimo comentário.

8. Estrutura-se esta comunicação em torno dos aspectos mais pertinentes do regime relacionado, directa ou indirectamente, com a situação dos credores da empresa insolvente — para utilizar já a terminologia que domina o Projecto, e de que constitui conceptualização a fórmula empregue no seu art. 3.º, segundo o qual

«é considerada em situação de insolvência a empresa que, por carência de meios próprios e por falta de crédito, se encontre impossibilitada de cumprir pontualmente as suas obrigações».

([8]) Cfr. art. 257.º do Projecto.

É certo que, em face até desta definição indiscutivelmente inovadora relativamente ao direito anterior, são — na concepção que persisto em acentuar, não obstante a proclamação de outros interesses colocados em jogo no âmbito dos meios processuais em referência ([9]) — os credores da empresa insolvente os indiscutíveis e imediatos prejudicados pela situação justificativa do recurso aos processos de recuperação de empresa ou de falência.

Efectivamente, para além do prejuízo jurídico (ou mesmo aferido em termos sociais) decorrente da situação de insolvência para certas pessoas especificadamente interessadas na manutenção unitária da empresa por outras ordens de razões, que já em momento anterior tive ocasião de referenciar ([10]), como *v. g.* os trabalhadores, e cujo interesse poderá mesmo, em teoria, ser reconduzido a um lucro cessante, há, essencialmente, que equacionar em face da insuficiência financeira da empresa a posição dos credores dela — aqueles que, devido a actos (*v. g.* de fornecimento, venda ou prestação de serviços) já praticados e não remunerados, se encontram de um modo efectivo desembolsados das importâncias que por via e em sequência deles teriam direito a receber ([11]).

São, na realidade, eles — os credores — que, de um modo efectivo, suportam o risco do crédito assumido em medida excessiva pela empresa insolvente.

E a verdade é que, não obstante os demais interesses em jogo, a ser aqueles os que urge, por razões quer de ordem equitativa, quer de interesse público-económico, salvaguardar de modo prevalecente.

Pouco importaria a citação, «a fortiori», de outras razões teóricas em prol da necessidade imperiosa de protecção dos credores da empresa insolvente. Tanto mais que os argumentos que nesse sentido poderiam aduzir-se revestem um cariz essen-

---

([9]) Cfr. *supra*, n.º 2.
([10]) Cfr. *supra*, n.º 2.
([11]) Claro que os próprios trabalhadores poderão encontrar-se nesta situação. Porém, nesse caso, os interesses em jogo são obviamente patrimoniais, e já não os interesses de índole social que antes mencionei.

cialmente prático, já acima ilustrado e por demais conhecido, recondutível, em termos particularmente relevantes, ao fenómeno das chamadas situações de insolvência por arrastamento.

É, na verdade, concebível em teoria e confirmado pela prática quotidiana o facto de empresas economicamente viáveis sob todos os pontos de vista objectivos se verem lançadas no limbo da insolvência, de que muitas delas não chegam a sair, por mero efeito da incobrabilidade dos seus próprios créditos.

É evidente que a salvaguarda de tais situações se afigura particularmente merecedora da atenção do legislador. Mais ainda tendo em consideração um dado que este parece não haver ainda segredado em todo o seu alcance: o facto de a regeneração do tecido empresarial português não poder — senão ilusoriamente — obter-se mediante a construção das simples miragem da recuperação de empresas na realidade economicamente inviáveis, impondo-se, pelo contrário, a sua pronta eliminação do mercado, mau grado as repercussões socialmente negativas implícitas que tal facto certamente não deixará de determinar.

9. Na esteira da ordem de ideias acima expandida, importa agora, evidentemente, iniciar a abordagem do elenco dos poderes dos credores de empresa insolvente enquanto tais.

E neste contexto, permitir-me-ão que traga aqui à colação a conhecida e clássica contraposição das suas concepções extremas dos procedimentos falimentar e pré-falimentar e geral: por um lado, entregando a respectiva iniciativa e condução aos próprios credores, como titulares dos interesses fundamentalmente em causa neles, ou, pelo contrário, entregando tais poderes a órgãos estaduais independentes ([12]).

Ver-se-á adiante que o denominado sistema de falência oficiosa consagrado, ainda que de um modo implícito, no Código de 1935 e desenvolvido no Código de Processo Civil de 1939 ([13]) se encontra agora em vias de sofrer um duro revés.

([12]) SOUSA MACEDO, *Manual de Direito das Falências*, I, 543.
([13]) E, ulteriormente, de 1961.

Sem que daí deva, ver-se-á também, concluir-se encerrar o Código projectado virtualidades de potenciar, por parte dos credores da empresa insolvente, uma satisfação quantitativa e significativamente maior dos seus interesses patrimoniais.

De acordo com a classificação dos poderes exercitáveis pelos credores no âmbito dos procedimentos de que aqui cuidamos, pareceu-me aconselhável o seu agrupamento pelo seguinte modo, para efeitos de exposição:

1.º Poderes dos credores quanto à iniciativa de desencadear processo de recuperação de empresa ou de falência;

2.º Poderes dos credores na fase liminar do processo, quanto à inflexão do meio processual inicialmente empregue;

3.º Poderes dos credores enquanto órgãos auxiliares do Tribunal;

4.º Poderes dos credores em matéria de decisão sobre o destino concreto da empresa insolvente;

5.º Poderes dos credores enquanto destinatários ou beneficiários da liquidação do património da empresa falida.

Certamente discutível sob um ponto de vista científico — de que não pretende, aliás, ser modelo —, será aproximadamente a partir desta estruturação que irá desenvolver-se agora a exposição.

10. Começando pelos poderes que aos credores da empresa assistem no que se reporta à legitimidade para desencadear os processos de recuperação de empresa ou de falência, terá de dizer-se que poucas novidades parecem poder perspectivar-se.

Prevê-se, na verdade, que, para além de poder qualquer dos aludidos processos ser iniciado a impulso da própria insolvente ou do Ministério Público, o poder ainda ser por «qualquer credor, seja qual for a natureza do seu crédito» ([14]). O processo instaurado deverá, como dentro da filosofia do diploma se

---

([14]) Cfr. art. 8.º, n.º 3 do Projecto.

compreende, ser o de recuperação de empresa, se a insolvente for considerada como economicamente viável: ou, pelo contrário, o de falência, na hipótese inversa ([15]).

Poucas diferenças há, quanto a este aspecto, a registar.

Decorre, com efeito, do que acima teve ocasião de expor-se quanto ao sentido fundamental da falência como liquidação de um património de afectação específica em benefício dos credores, a legitimidade de princípio de qualquer um destes para a instrução do processo.

Diversamente, já a justificação da atribuição de legitimidade aos credores para desencadear processo de recuperação da empresa devedora e insolvente se afigura difícil e, em todo o caso, incerta.

Variadas doutrinas existem a pretender fundamentar essa legitimidade.

Vejamos: quais as perspectivas concretas de actuação do credor de empresa cuja insolvência vem a constatar-se?

Das suas particulares relações com essa empresa extrai o credor em causa, linearmente e em tese de princípio, um dado apenas: o de que a empresa devedora não dispõe de recursos económicos-financeiros que lhe permitam o cumprimento das obrigações assumidas.

Confrontado com tal situação, deveria, linearmente também, esse credor, constatada que fosse a impossibilidade de recebimento do seu crédito, desencadear ou associar-se aos procedimentos tendentes à pura e simples liquidação do património da devedora, recebendo, no consequente rateio, a importância que lhe coubesse e imputando o remanescente do seu crédito à sua conta de incobráveis.

Pode, porém, e como se disse, ser de sinal diverso o seu procedimento.

Pode ele, com efeito, iniciar processo de recuperação da insolvente. E quando assim suceda, fá-lo-á decerto por uma

---

([15]) Este regime corresponde, «grosso modo», ao que presentemente decorre dos arts. 1.º, n.º 2 (do Dec.-Lei n.º 177/86) e 1136.º (do Código de Processo Civil).

única razão, já que, abstraindo de casos verdadeiramente marginais ([16]), não é credível nem lógico possa tal procedimento obedecer a simples ditames de altruísmo: a de, inconformado com o pagamento parcial que eventualmente lhe caberia na sequência da declaração de falência — ou até, possivelmente, com o não recebimento do que quer que fosse do crédito detido —, e considerado existirem na insolvente condições de viabilidade económica, pode determinado credor ver como preferível a criação das condições de recuperação tendentes à estabilização financeira e operativa da devedora, desse modo mantendo a expectativa, embora diferida no tempo, de vir eventualmente a receber o seu crédito, ou parte dele, e talvez mesmo de, viabilizando aquela, vir a potenciar a criação das condições necessárias à manutenção da própria devedora como parceiro comercial ou social válido para um futuro a médio prazo.

A prática tem, contudo, demonstrado amplamente que os credores da empresa insolvente só raríssimas vezes optam por escolher, em iniciativa própria, a via tendente à sua recuperação — o que, todavia, sempre lhes seria facultado promover e fazer aprovar mesmo contra vontade dela.

É que o proclamado reforço que daí hipoteticamente resultaria para a sua posição se afigura, logicamente, irrisório e mesmo quimérico.

A isto acresce o facto de as «condições de viabilidade» que constituem pressuposto da instauração do processo de recuperação serem, as mais das vezes, igualmente duvidosas, como frequentemente resultaria nítido da simples observação dos casos em que, na prática, a esse processo se tem recorrido ([17]). Ou então, e admitindo-se que possam, em casos contados, exis-

---

([16]) *V. g.* se, sendo credor o Estado, entende como interesse relevante a sobrevivência da empresa por motivos de ordem social, e não propriamente económica.

([17]) Isto é, muito mais como simples meio dilatório de uma falência já virtualmente inevitável do que como procedimento inspirado por uma real e séria intenção de recuperação.

tir tais condições, é igualmente com fundado cepticismo e significativas reservas que poderá admitir-se a eficácia prática de qualquer das medidas de recuperação previstas na lei como factor por si mesmo apto a debelar a situação existente.

Mais do que outra coisa, acaba a aprovação de qualquer daquelas medidas no âmbito do processo em causa por não consistir senão no prolongamento, puramente artificial e com escassíssimas perspectivas de sequência positiva, da vida de unidades empresariais realmente carecentes de viabilidade séria e objectiva — ou então, cuja viabilidade sempre passaria pela adopção de medidas infinitamente mais drásticas, mas que, por isso mesmo, não podem razoavelmente exigir-se aos credores, que por isso dificilmente as aprovariam.

Tudo se reconduz a uma reformulação da atitude de princípio: há que perder toda a reserva em assumir situações em que só a falência se justifica, em vez de contribuir, com algo de farisaico, para o mero prolongamento de uma agonia que, em última análise, a ninguém poderá beneficiar. Neste sentido também se auto-proclama defensor de um maior controlo da efectiva viabilidade das empresas a recuperar o novo diploma; muito embora do seu articulado pouco acabe, quanto a este aspecto específico, por resultar.

Prossigamos, porém, a enunciação preliminar dos traços gerais do regime projectado quanto aos aspectos relacionados com o desencadear dos processos de recuperação de empresa ou de falência.

Imediatamente salta à vista do intérprete do articulado respectivo a circunstância de os factos susceptíveis de fundamentar o pedido de recuperação deduzido por qualquer credor coincidirem agora, por inteiro, com os pressupostos do requerimento de falência ([18]).

([18]) Abstraindo, naturalmente, do juízo de viabilidade ou de falta dela que a opção por um desses meios necessariamente envolve, mas que constitui mais um critério do que propriamente um pressuposto.

Assim e aos fundamentos genéricos de tal pedido constantes das duas alíneas do n.º 2 do art. 1.º do Dec.-Lei n.º 177/86 (a cessação de pagamentos suficientemente indiciadora de incapacidade financeira e a dissipação ou extravio de bens revelador, por parte dos titulares ou gestores da empresa, do propósito de a colocarem em situação de não poder cumprir as suas obrigações), vem agora acrescentar-se um outro, de resto já enunciado no art. 1174.º, n.º 1 b) do Código de Processo Civil em termos sensivelmente coincidentes: a fuga do titular da empresa ou dos seus órgãos de gestão — embora a este se adite agora o abandono do estabelecimento que constitui a sede ou centro da actividade da empresa como índice igualmente revelador da situação de insolvência.

Escassas se mostram, pois, neste domínio, as novidade em perspectiva.

De reduzido significado é também a alteração que respeita ao número de credores que devem ser citados pessoalmente e receber duplicados do requerimento inicial ([19]) — de que não quero, porém, deixar de dar conta, mesmo como argumento lamentavelmente ilustrativo de uma aparentemente crónica e algo confrangedora tendência legislativa para fazer face às reais necessidades de alterações estruturais e substanciais no direito falimentar através da profusa revisão de detalhes meramente formais.

11. Prosseguindo, entremos agora no campo — ainda em sede de intervenção liminar dos credores no processo — das possibilidades de dedução de oposição aos requerimentos de recuperação de empresa ou de falência.

Nunca se mostrou inteiramente claro o fundamento que pode estar na origem de tal oposição, salvo no que diz respeito à oposição por embargos — esta, porém, não liminar — à declaração de falência prevista do Código de Processo Civil.

([19]) Que passarão a ser apenas dez, em lugar dos dezasseis de que fala actualmente o art. 1.º do Dec.-Lei n.º 10/90.

Na verdade, tanto o Dec.-Lei n.º 177/86 como o Dec.-Lei n.º 10/90 registam assinalável silêncio quanto a este ponto concreto.

Pois bem: Finalmente se descrevem, de um modo claro, os fundamentos susceptíveis de servir de base teórica a tal oposição ([20]). São eles:

a) no processo de recuperação, a alegação da inviabilidade económica da empresa ([21]);

b) na falência, pelo contrário, a alegação da sua viabilidade.

Depara-se nos, neste contexto, um regime de facto inovador relativamente ao actual.

Assim, na primeira das sobreditas hipóteses a dedução de oposição por um mínimo de 75% dos créditos conhecidos determina, em princípio, a imediata declaração de falência, desde que o Juiz reconheça a existência de qualquer dos factos susceptíveis de a fundamentar, e a que já em momento anterior me referi. Não deixa, aqui, de ser significativo o facto de se tratar de uma decisão de quase nula margem discricionária do julgador, e que por isso representa uma notória evolução no sentido do incremento dos concretos poderes dos credores no que diz respeito ao ulterior do processo ([22]).

Na segunda hipótese, pelo contrário, a dedução de oposição liminar à falência pela mesma maioria de 75% determina seja o processo mandado seguir como de recuperação, em figura, sob o ponto de vista dogmático, de incerta e duvidosa qualificação processual. Contra, portanto, a vontade expressa da própria empresa devedora ([23]).

Este facto concreto parece-me, aliás, apto a suscitar delicados problemas práticos e teóricos.

([20]) Cfr. art. 23.º do Projecto.

([21]) O mesmo se dizia já no art. 6.º do Dec.-Lei n.º 10/90.

([22]) Embora aquela maioria venha certamente a mostrar-se difícil de atingir, tanto mais que a oposição tende mais a manifestar-se em actos isolados do que a resultar de concertação.

([23]) Ou, eventualmente, do credor que haja promovido o processo falimentar, o que é muito menos significativo.

Efectivamente, não se mostra claro em que termos deva a acção instaurada como de falência, e em correspondência estruturada, seguir, como consequência da procedência da oposição deduzida, os termos e fins do processo de recuperação. Não se vislumbra possa o credor oponente ter, relativamente à situação da empresa insolvente, conhecimentos que lhe permitam mais do que simplesmente aventar, decerto sobre escassíssimas bases reais sérias, qualquer das medidas de recuperação previstas na lei — sobretudo em fase liminar do processo.

Interessante — «maxime» por demonstrativo da ideia que julgo transparecer da nova lei de um crescendo da amplitude dos poderes dos credores no âmbito do procedimento falimentar —, ainda neste domínio, notar que o verdadeiro dever do Juiz de acatamento da opinião dos credores quanto à viabilidade ou inviabilidade da empresa, verificados que sejam os pressupostos referidos no art. 8.º do Projecto, se converte em simples faculdade, agora mais ou menos discricionária, de alterar ou não o tipo do processo iniciado quando a oposição deduzida, ficando aquém dos 75% acima referidos, atinja, contudo, um mínimo de 30% do valor deles [24].

É mais um dado que creio falar em abono daquela minha convicção há pouco expandida.

Registe-se, ainda, que também aqui se alargam prazos [25] — constatação tardia, talvez, da escassez dos que estão estabelecidos na lei vigente, frequentemente excedidos na prática...

12. Abandono aqui a unidade de tratamento que até agora venho dispensando aos processos de recuperação e de falência, visto que a lei também assim procede [26].

---

[24] Cfr. art. 25.º, n.os 3 e 4 do Projecto.

[25] V. g. o prazo para a decisão sobre a oposição, que passará de 5 para 28 dias, nestes se incluindo já o prazo para elaboração do despacho impropriamente designado como liminar.

[26] Com efeito, o Projecto encerra a novidade de se estabelecer, para ambos os processos, uma tramitação inicial unitária, que ocupa os seus arts. 1.º a 27.º.

E chegamos enfim à fase processual em que é proferido o «despacho liminar» ([27]).

Trata-se, sem dúvida, de um momento fundamental do processo de recuperação.

Decidida a matéria das oposições eventuais deduzidas — com possível influência, como se viu, no seguimento imediato do processo —, proferirá o Juiz, em 7 dias ([28]), despacho de prosseguimento, que incluirá os elementos que já se referiam no art. 8.º do Dec.-Lei n.º 177/86, e que me permito recordar brevemente:

a) designar o administrador judicial (que passa a dominar-se «gestor» — o que não creio possa ser levado à conta senão de mais um preciosismo fútil do legislador ([29]));

b) nomear a comissão de credores, doravante composta por 3 ou 5 membros, em lugar dos 3 a 7 actualmente previstos;

c) fixar o prazo de duração do período de observação e estudo da empresa, que continuará a ter uma duração máxima de 90 dias;

d) convocar a Assembleia de credores para o termo desse período.

Da elaboração e publicação do despacho liminar resultam, em termos de posição dos credores da empresa insolvente, importantíssimas características, já decorrentes, é certo, do art. 11.º do Dec.-Lei n.º 177/86 e do art. 8.º do Dec.-Lei n.º 10/90, embora em sentidos diversos.

Efectivamente, tal despacho determina actualmente, como se sabe, a suspensão de todas as execuções pendentes contra a empresa ou que abranjam os seus bens, incluindo as tendentes à cobrança de créditos preferenciais ou privilegiados ([30]), bem

---

([27]) «Despacho inicial», como lhe chama o Dec.-Lei n.º 177/86; ou, na terminologia da lei nova, «despacho de prosseguimento».

([28]) Prazo que se não fixa em face da lei que ainda hoje vigora.

([29]) Os credores manterão o direito, que lhes assiste já hoje, de poder propor determinadas pessoas para essa função; cfr. art. 32.º do Projecto.

([30]) Cfr. art. 11.º do Dec.-Lei n.º 177/86 e art. 29.º do Projecto.

como a contagem de juros em obrigações da devedora que os vençam ([31]).

Tem, como consequência daí decorrente, o efeito de suspender os prazos de prescrição ou de caducidade oponíveis pela empresa.

E envolve, finalmente, a cominação da nulidade dos negócios entre vivos celebrados durante o período de observação que envolvam alienação de acções ou partes sociais da devedora.

Existe, quanto a este último ponto, uma alteração que se me afigura de certa importância, relativamente ao regime actual.

Efectivamente, estende-se a referida consequência da nulidade à alienação, oneração ou locação de imóveis da empresa e à cessão de exploração ou trespasse de estabelecimentos dela, salvo autorização judicial e parecer favorável do gestor nomeado e da comissão de credores, ou apenas desta, se for aquele que então administra a empresa.

Obviamente que ressalta daqui a acentuação do poder de fiscalização que aos credores assiste quanto à actividade do gestor judicial, de resto igualmente consagrado no regime em vias de ser revogado.

E aqui encontro mais uma indicação no sentido da ampliação dos poderes dos credores, que já anteriormente acentuei — neste ponto demonstrada pela importância qualitativa que assumem agora as suas funções de fiscalização.

13. Isto posto, e alcançada a conclusão de, no domínio analisado, serem escassas em relação ao esperado as alterações perspectivadas, importa que nos debrucemos agora brevemente sobre o estudo dos credores enquanto órgãos auxiliares do Tribunal no âmbito do processo de recuperação.

Reporto-me, naturalmente — e ainda na fase processual liminar —, à comissão de credores e aos poderes que a lei lhe atribuirá.

A comissão, cuja nomeação e empossamento continuam a caber ao Juiz, reveste, quanto à sua composição quantitativa, a

---

([31]) Cfr. art. 8.º do Dec.-Lei n.º 10/90.

feição que já acima descrevi, mantendo-se inalterados os critérios legais respeitantes à sua composição sob o ponto de vista qualitativo ([32]).

Os seus poderes, que actualmente consistem na representação de todos os credores perante o Administrador, e bem assim na fiscalização da actividade deste e na cooperação com ele, serão, na essência, mantidos, cabendo-lhe a partir de agora, em especial, dar parecer sobre os créditos reclamados ou relacionados ([33]) — embora tal atribuição específica assuma, no fundo, o mesmo sentido do poder de impugnação de créditos que já lhe reconhece o n.º 4 do art. 12.º do Dec.-Lei n.º 177/86.

14. Reclamados os créditos, uma vez fixada a data para a Assembleia de credores — e as reclamações de créditos obedecerão, de futuro, a termos sensivelmente idênticos aos actuais — virá esta a reunir, assumindo o papel de órgão privilegiado de expressão da vontade de quem detém reais poderes em termos de determinação do destino da empresa insolvente.

Ainda aqui, segue o Projecto de perto, em termos de estrutura formal, o disposto no Dec.-Lei n.º 177/86.

Na verdade, é idêntica quase ao pormenor a estrutura de participação na Assembleia ([34]), como o são também as regras fundamentais relativas à votação e aprovação de créditos ([35]).

Idênticos são ainda os efeitos que à aprovação dos créditos se faz corresponder, e que continuam a restringir-se à constituição definitiva da própria Assembleia.

Escassas, pois, as alterações que neste domínio conheceremos.

Já outro tanto não pode dizer-se no que toca às regras relativas à Assembleia definitiva, ao menos em termos qualitativos.

Como actualmente, esta continuará a iniciar-se com a apresentação e discussão do relatório do gestor judicial, cabendo,

---

([32]) Cfr. art. 41.º do Projecto.
([33]) Cfr. art. 54.º, n.º 3 do Projecto.
([34]) Cfr. art. 47.º, correspondente ao art. 13.º do Dec.-Lei n.º 177/86.
([35]) Cfr. art. 48.º do Projecto.

a final, aos credores o direito de propor os meios de recuperação que entendam mais adequados ao caso, ainda que divergindo, nessa proposta, do conselho do próprio gestor, da empresa ou do credor que haja desencadeado o processo.

Porém, são de facto dignas de nota algumas alterações projectadas.

Desde logo, admite-se agora um fundamento autónomo de suspensão dos trabalhos da Assembleia: a falta de poderes do representante do Estado ou das entidades públicas titulares de créditos privilegiados, por falta de autorização do membro do Governo competente. Embora a continuação deva marcar-se para os catorze dias subsequentes, em lugar dos trinta que prevê o art. 17.º do Dec.-Lei n.º 10/90.

Salvo pelo que diz respeito a este último pormenor, não estamos aqui, verdadeiramente, perante uma alteração ao regime actual.

Mas o que é curioso é a conjugação dele com o regime de caducidade de privilégios que, como se verá adiante, o novo diploma consagra, que parece demonstrativa da relativa desarticulação entre si de várias das disposições do Projecto — embora deva, quanto a este ponto em especial, conceder-se ter ela sem dúvida origem no carácter ainda provisório do texto.

Novo não é, também, sequer o mecanismo que determina a falência da empresa como efeito da simples ausência de deliberação pela Assembleia em 8 meses; nem o é a circunstância de a idêntico resultado conduzir a rejeição, «na Assembleia ou fora dela», de qualquer meio de recuperação da empresa ([36]).

No tocante ao «quorum» deliberativo exigido para aprovação das medidas propostas — inquestionavelmente o momento decisivo do processo —, observe-se que passará a lei a não considerar suficientes os 75% dos créditos aprovados actualmente exigidos.

([36]) Com efeito, já o mesmo se dizia no art. 18.º do Dec.-Lei n.º 10/90.

Na realidade, de acordo com o art. 15.º do Dec.-Lei n.º 10/90, basta essa maioria, por si só, para fazer aprovar medidas de recuperação.

Contudo, nos termos do art. 54.º, n.º 1 do Projecto,

«as deliberações que tenham por objecto a aprovação de qualquer das providências de recuperação de empresa devem ser aprovadas por credores com direito de voto, quer credores comuns, quer preferentes, que representem, pelo menos, 75% de todos os créditos aprovados nos termos do art. 48.º e não ter a oposição de credores que representem três quartos ou mais dos créditos directamente atingidos pela providência».

Não será muito clara a disposição, mas parece desde logo evidente que teremos de tomar em consideração na sua interpretação a circunstância eventual de nem todos os créditos aprovados serem atingidos pela aprovação de uma medida de recuperação. Pode suceder esse facto, mas não é forçoso que assim seja.

Entendo serem «atingidos pela providência» aqueles créditos que resultam modificados ou extintos em consequência daquela aprovação.

Não o são, em princípio, os créditos cobertos por garantias reais constituídas sobre bens da própria empresa devedora [37], pelo que não será computada a respectiva expressão para efeitos de formação daquela maioria opositória de 75%, salvo renúncia à própria garantia.

Vê-se, assim, claramente poder existir divergência mais ou menos significativa entre as maiorias positiva e negativa de que fala o art. 54.º, n.º 1.º do Projecto.

Ambas são estabelecidas por referência à mesma percentagem nominal — sendo, contudo, potencialmente diferente a base real de incidência desta.

---

[37] Conforme, de certo modo, decorre do art. 62.º do Projecto.

Existe um sentido de certo modo justificado e lógico subjacente a este entendimento: a preocupação de não ser imposta pela estrita maioria dos créditos aprovados uma qualquer medida de recuperação — obtida justamente contra vontade de alguns dos credores a que, em consequência da aprovação da mesma medida, é imposto um maior sacrifício.

Creio, dentro das minhas possibilidades de análise, ser este o entendimento que em face do art. 54.º do Projecto se impõe, e que representa, por assim dizer, a procura de um equilíbrio das posições dos credores preferentes e comuns.

Resta dizer que, uma vez aprovada uma medida de recuperação proposta, está a correspondente deliberação da Assembleia sujeita a homologação judicial, que é em princípio automática, já que apenas depende da verificação, pelo magistrado, de haverem sido observados os preceitos legais aplicáveis.

15. Aqui chegados, cabe agora referência — ainda que necessariamente balizada pela medida do indispensável no âmbito desta pequena comunicação — às concretas providências de recuperação que ficarão previstas no Código em projecto, e que constam, na especialidade, dos seus arts. 66.º e segs.

Desde logo do simples relancear do elenco de tais providências sobressai a criação de uma até hoje não contemplada, conforme veremos.

Mantêm-se consagradas a concordata ([38]), o acordo de credores ([39]) e a gestão controlada, esta sem dúvida a única inovação real introduzida pelo Dec.-Lei n.º 177/86.

Prevê-se, porém, como se disse, um novo meio de recuperação: a denominada «reestruturação financeira» ([40]).

Dela me ocuparei adiante.

([38]) Que, como é sabido, passará a ver a sua existência limitada a este contexto, já que o Projecto prevê a revogação total do regime dos meios preventivos da declaração de falência hoje regulados no Código de Processo Civil.

([39]) Para que valem precisamente as mesmas considerações.

([40]) V. arts. 87.º e segs. de Projecto.

Antes ainda, porém, julgo conveniente averiguar e esclarecer em que medida o regime das providências de recuperação que irão transitar do direito vigente para o futuro diploma se manterá neste — ou não — inalterado.

Comecemos pela concordata.

Conceitualmente, continuará esta a ser entendida como no regime actual.

Regime em que, por outro lado, se anunciam algumas alterações, de que resumidamente aqui deixo notícia:

— a cláusula «salvo regresso de melhor fortuna», presentemente, como é sabido, elemento meramente acidental do acordo concordatário, passará, nos termos do que no art. 67.º do Projecto se dispõe, a constituir elemento natural dele, vigorando, portanto, sempre que inexista estipulação em contrário.

E a sua eficácia temporal é drasticamente reduzida, passando de 20 para 5 anos.

Igualmente ficará previsto que a acção destinada a fazer valer tal cláusula siga os termos do processo sumário, devendo correr por apenso aos autos de recuperação.

— por outro lado, os credores cujos créditos aprovados gozem de garantia real serão admitidos a votá-la, aos invés do que agora sucede ([41]).

Esta solução poderá compreender-se pela aparente intenção legislativa de não favorecer a recuperação de empresas inviáveis — já que os credores comuns, argumenta-se, tudo prefeririam, em regra, a uma falência de que, as mais das vezes, pouco ou nada receberiam em sede de liquidação, pretendendo os privilegiados, ao invés, fazer valer a sua vantagem posicional relativamente ao património da insolvente.

A verdade é que, mesmo nesta perspectiva, parece menos feliz a articulação entre si de regras manifestamente interactivas ([42]).

([41]) Cfr. art. 21.º do Dec.-Lei n.º 177/86.

([42]) Bastará pensar o que a este respeito foi dito em conjugação com a circunstância da caducidade de diversos privilégios como efeito directo da declaração de falência, que o novo diploma também consagra.

— por último, direi que, em caso de falência do concordatário antes de cumprida a concordata, não podem os credores, por crédito anterior à aprovação dela, concorrer à falência senão pela importância ainda não recebida da percentagem estipulada — subsistindo, porém, as garantias de cumprimento dessa percentagem ([43]), conforme já hoje resulta do disposto no art. 1165.º do Código de Processo Civil.

16. Também a correspondência conceitual entre o actual e o futuro acordo de credores como medida de recuperação se verifica em termos essenciais, embora com a «nuance» de passar, de um modo expresso, a permitir-se que os credores constituam entre si não uma só, mas várias sociedades, e bem assim que a respectiva actividade possa limitar-se v. g. à exploração de um ou alguns estabelecimentos da empresa devedora.

E em termos de regime jurídico, nenhumas alterações prevê o Projecto relativamente ao actual, não obstante ser hoje um dado pragmático indiscutível o facto de só em escassíssimos casos ser aprovada esta providência.

É, como se referiu, a gestão controlada sem dúvida a mais interessante de todas as providências de recuperação instituídas pelo Dec.-Lei n.º 177/86.

Preserva-se, no Projecto, a sua identidade conceitual.

Algo, surpreendente é, porém, e também aqui, a total ausência de alterações substanciais relevantes ao seu regime jurídico, pelo menos em termos do que razoavelmente poderia haver-se como pertinente em face do âmbito destes abreviados comentários. Surpreendente porque, como se sabe, os objectivos que inspiraram a sua criação estão longe de ter sido minimamente conseguidos, verificando-se, até, estatisticamente que a proposta recuperação não terá, praticamente em nenhum caso em que tenha sido aplicada a medida, sido atingida.

Esta aparente inadequação dos meios aos fins justificaria, creio eu, uma revisão cuidada deste ponto.

Que, aparentemente também, não se terá julgado necessária.

([43]) Cfr. art. 77.º do Projecto.

17. Chegamos enfim à providência de reestruturação financeira.

É, nos termos do art. 87.º do Projecto,

> «o meio de recuperação da empresa insolvente que consiste na adopção pelos credores de uma ou mais providências destinadas a modificar a situação do passivo da empresa ou a alteração o seu capital, em termos que assegurem, só por si, a superioridade do activo sobre o passivo e a existência de um fundo de maneio positivo».

À primeira vista, possui esta nova providência semelhanças evidentes com a de gestão controlada, acrescida, no essencial, do elemento — de verificação necessária — de as providências [44] deverem, por si só, reequilibrar a relação de suficiência activo-passivo.

E do exame do elenco de providências de reestruturação financeira constante do art. 88.º do Projecto resultam reforçadas essa semelhanças, ali se referindo, por um lado, a possibilidade de adopção de medidas com incidência no passivo, e, por outro, de medidas com incidência na estrutura do capital.

Qual o sentido funcional deste novo meio de recuperação, agora em vias de ser criado «ex novo»?

Naturalmente, a modificação da estrutura de capitais da empresa insolvente, em termos de imediatamente ficar assegurada a suficiência do seu activo para fazer face ao passivo.

Podemos, na sequência de tal consideração, arriscar-nos mesmo a afirmar que é, claramente, o meio de recuperação que o legislador tem como susceptível de maior eficácia prática, tendo-o, correspondentemente, dotado de um quadro normativo em teoria tendente a favorecer os resultados da sua aplicação.

---

[44] Aqui cingidas à redução do passivo ou à alteração do capital, como do texto resulta.

Neste sentido, obteve-se o facto de a deliberação da Assembleia que venha a aprovar providências de reestruturação financeira produzir, uma vez homologada, efeitos relativamente a terceiros ([45]); o que, no entanto, irá futuramente suceder também em relação a providências de recuperação aprovadas no âmbito da medida de gestão controlada ([46]).

Mas o que poderá, razoavelmente, esperar-se desta mencionada providência em termos pragmáticos?

Alguma melhoria em certos casos, talvez, das perspectivas de recuperação.

Mas — e é forçoso que se diga desde já — certamente não pode pretender-se encerrarem-se nela virtualidades aptas à potenciação do «milagre económico» ansiosamente aguardado.

Como os demais, também este meio poderá, com grande probabilidade, mais não constituir, na prática, do que um enorme embuste, substanciado na ilusão da sobrevivência apressadamente injectada na empresa moribunda, virtualmente já condenada à falência — e pelas mesmas causas genéricas determinantes da quase universal frustração do processo de recuperação em geral, bem ilustrada na rácio entre o número de processos que, desde 1986, correram termos e os casos em que os mesmos conduziram de facto a um caminho de recuperação.

E mais ainda: não deve deixar de observar-se que da descrição das providências adoptáveis no âmbito desta medida resulta inequivocamente que se tratará daquela em que a almejada recuperação pretende fazer-se com maior sacrifício dos credores, obrigados a renunciar aos seus créditos, ou a com eles concorrerem para o aumento do capital da insolvente, ou mesmo a injectarem nela novos recursos.

Pouco poderá surpreender, por isso, que venha esta nova criação legislativa a ser acolhida com bastante falta de entusiasmo, que provavelmente não deixará de redundar na sua não aplicação prática pura e simples.

---

[45] Cfr. art. 94.º do Projecto.
[46] Cfr. art. 102.º do Projecto.

18. Vai já longa esta exposição, e muito terá já ficado por dizer.

Importa passar, sem mais delongas, a abordar brevemente o regime do futuro processo de falência.

Sobre a natureza do fenómeno falimentar em si, de raízes antigas, dispensar-me-ei de renovar considerandos que foram já, em épocas e ocasiões diversas, sendo formulados pelos mais ilustres juristas.

Sempre recordarei, porém, e ainda que à laia de simples intróito, que a falência é, a um tempo, um fenómeno económico e um fenómeno jurídico.

Quanto à sua feição económica, relaciona-se o estado de falência (em sentido técnico) ([47]) fundamentalmente com a utilização excessiva do crédito que à empresa, foi, sob as mais variadas formas, sendo conferido. Excessiva, isto é, alargada em demasiada tendo em vista a dimensão dos resultados do giro comercial ([48]) e a sua desconformidade relativamente às previsões previamente traçadas — mas excessiva também no sentido de desvio do crédito da sua função de alimentar aquele giro, por incúria ou por fraude ([49]).

Qualquer destes factos desencadeia um efeito multiplicador negativo que provocará, a final, a queda económica da empresa.

Deve, porém, considerar-se também como potencialmente determinante da situação de falência a circunstância, inversa, de ser a falida credora de empresas em idêntica situação, em que ela acaba por se ver lançada justamente em consequência imediata da impossibilidade de recebimento dos seus próprios créditos.

Enquanto fenómeno jurídico, tem a falência o seu aspecto mais marcante na circunstância de, invariavelmente, concorre-

---

([47]) Ou, como em breve se dirá, de insolvência.

([48]) Ou empresarial em geral, posto que, como se viu, o conceito legal de empresa é suficientemente amplo para permitir abranger também empresas não-comerciais.

([49]) Cfr. SOUSA MACEDO, *ob. cit.*, I, 7-12.

rem diversos credores a um património por definição insuficiente para que possam, todos eles ou na totalidade, obter o pagamento dos seus créditos.

Efectivamente, sobressai da lógica do instituto a preocupação de evitar um desigual tratamento dos credores ([50]).

Conforme correctamente expõe Sousa Macedo ([51]), tem a declaração de falência as seguintes virtualidades genéticas:

a) consagrar o património do devedor à satisfação dos credores;

b) excluir da esfera do Falido a possibilidade de onerar ou dissipar o seu património;

c) assegurar, teoricamente, a paridade dos credores na liquidação ([52]);

d) assegurar a administração e a liquidação da empresa falida.

Veremos brevemente em que medida vem o Projecto procurar resolver alguns dos problemas que neste âmbito se vêm colocando, até em termos comparativos relativamente ao Código de Processo Civil — que se tem mostrado claramente impotente para, perante o surto de crise que assola o tecido empresarial português, defender eficazmente os interesses dos credores de empresa falida.

19. A nova tramitação processual da falência é, desde logo, um ponto relevantemente tocado pelas disposições do projecto.

Com efeito, disse-se no lugar oportuno que uma significativa inovação sistemática do texto novo é o facto de passar

---

([50]) Como se vê com nitidez, *v. g.*, a partir do regime dos efeitos da sentença declaratória da falência sobre as causas em que o Falido seja parte (art. 1198.º CPC).

([51]) *Ob. cit.*, I, 13.

([52]) Embora tal finalidade se encontre, hoje em dia, significativamente desvirtuada em face da invulgar quantidade de privilégios estabelecidos a favor das mais diversas entidades públicas, por vezes em obediência a exigências mais do que discutíveis...

a prever-se uma tramitação unitária, em termos de disposições gerais, para a falência e a recuperação de empresa ([53]).

Estruturalmente, inicia-se o processo de falência com a apresentação em Juízo do requerimento inicial ([54]), acompanhado agora de duplicados para os dez maiores credores conhecidos ([55]).

Seguidamente, tendo o procedimento sido desencadeado pelo próprio devedor e devendo o requerimento ser liminarmente deferido, o Juiz mandará citar todos os credores indicados para que reclamem, em 14 dias, os seus créditos.

Caso se trate de falência requerida por credor ou pelo Ministério Público, serão citados os demais credores e o devedor, salvo, quanto a este, a circunstância de ser julgada inconveniente a sua imediata audição.

Em seguida, e até ao chamado despacho de prosseguimento ([56]), faculta-se aos credores a possibilidade de deduzirem oposição ao prosseguimento da processo, o que, tendo por fundamento a viabilidade económica da empresa, e traduzindo a vontade de uma maioria de 75% dos créditos conhecidos, poderá determinar seja o processo mandado seguir como de recuperação, conforme já acima se viu, transmudando-se, assim, quanto à sua finalidade ([57]).

Discutida a causa, se, em consequência de oposição deduzida à falência que não atinja a maioria que acima referi, houver lugar a julgamento, é proferida sentença ([58]), que terá o seguinte conteúdo:

a) fixação de residência ao Falido;

b) nomeação do liquidatário judicial ([59]), pelo Juiz sob proposta dos credores ou da própria empresa, ou mediante lista

---

([53]) Cfr. arts. 1.º a 27.º do Projecto.
([54]) Cfr. art. 15.º do Projecto.
([55]) Cfr. art. 18.º do Projecto.
([56]) Que, em princípio, decretará a falência; cfr. art. 25.º.
([57]) Cfr. art. 23.º, n.º 2 do Projecto.
([58]) Cfr. art. 128.º do Projecto.
([59]) Que é a nova designação do Administrador da Falência.

oficial, a quem incumbe preparar o pagamento das dívidas do Falido à custa da alienação, que lhe incumbe promover, dos bens que integram o seu património, bem como, em geral, administrar a massa falida ([60]);

c) nomear a comissão de credores, se ainda não houver sido constituída;

d) decretar a apreensão da escrita e de todos os bens do devedor, para os entregar ao liquidatário;

e) ordenar a entrega ao Ministério Público dos elementos que indiciem infracção penal;

f) designar prazo, de 20 a 60 dias, para a reclamação de créditos.

À sentença podem, por fim, ser deduzidos embargos, em termos sensivelmente equivalente aos actuais ([61]).

20. A declaração de falência em si constitui, evidentemente, o ponto fulcral do respectivo processo, sendo decisiva a delimitação precisa do âmbito dos respectivos efeitos — por que se afere, aliás, a própria medida da eficácia de todos os ulteriores aspectos do processo.

Tais efeitos são agora classificados pela seguinte forma:

a) efeitos em relação ao falido (arts. 147.º-150.º) ([62]);

b) efeitos em relação aos negócios jurídicos em que o falido seja parte (arts. 151.º-171.º); e

c) efeitos em relação aos trabalhadores (arts. 172.º-174.º), este último constituindo uma novidade do Projecto em termos de previsão autónoma ([63]).

21. Aqui deixadas estas breves notas, importa agora abordar brevemente a regulamentação legal dos efeitos da falência

---

([60]) Cfr. arts. 134.º e 141.º do Projecto.
([61]) Cfr. arts. 129.º e segs. do Projecto.
([62]) São essencialmente os que já resultam do regime vigente.
([63]) De notar que não se visam aqui efeitos relativamente aos trabalhadores enquanto credores da empresa — desses trata a Secção anterior.

relativos aos negócios jurídicos do Falido, em que parece ter existido um esforço de elaboração particularmente rigoroso e cuidado.

Muitas são as regras que, a este respeito, serão mantidas.

Mas significativas são, também, as alterações projectadas, sem esquecer as inovações que se pretende aqui introduzir, num regime que, como se sabe, limita, presentemente, a sua previsão sobre esta matéria à menção da ineficácia dos actos ([64]) e à fixação da regra da subsistência dos contratos bilaterais celebrados pelo falido ([65]).

O elenco previsional aumenta, neste âmbito, significativamente.

Na falta de tempo que me permita comentá-las na totalidade sem correr o risco de enfastiar os que têm a amabilidade de me ouvir, é, porém, absolutamente essencial a menção da alteração que vem sendo, desde há muito, mais falada e publicitada, o que se explica pela insistência com que se vinha, desde há muito, reclamando.

Sabe-se o número e âmbito dos privilégios creditórios que sucessivamente foram sendo criados e mantidos no ordenamento jurídico português — ao que sei, sem paralelo, nestes termos, com qualquer outro sistema jurídico de raiz romano--germânica — tem sempre funcionado como óbice, muitas vezes absoluto, ao recebimento, mesmo parcelar, dos créditos comuns. Privilégio de que, no entanto, nem sempre é fácil descortinar a necessidade.

É assim que, de acordo com o art. 152.º do Projecto, a declaração de falência passará a determinar a imediata extinção dos privilégios creditórios do Estado, das autarquias locais e das instituições de segurança social, passando os respectivos créditos a ser exigíveis apenas como créditos comuns.

Note-se: Tais privilégios não desaparecem em termos gerais — simplesmente caducam com a declaração de falência.

([64]) Cfr. art. 1190.º do CPC.
([65]) Cfr. art. 1197.º do CPC.

Como se sabe, vinha uma tal medida sendo insistentemente reclamada desde há muito pelos operadores jurídico-económicos privados, nessa medida sendo de aplaudir pela preocupação de justiça que lhes subjaz — muito embora possa questionar-se da sua oportunidade num momento em que, como se sabe, atravessa a Segurança Social uma situação de quase ruptura financeira, em consequência do espantoso volume que atingiram os seus créditos não cobrados e, em muitos casos, virtualmente incobráveis.

Procurando antecipar os efeitos práticos essenciais que creio irão sobrevir a esta inovação, farei notar os seguintes:

— os ex-privilegiados passarão a procurar evitar a falência dos devedores, designadamente procurando, à falta de outra alternativa, favorecer a recuperação mediante alegação da sua viabilidade; ou então (e penso que assim procederão preferencialmente), abandonarão as suas tradicionais posições de inércia relativamente a quaisquer iniciativas de cobrança dos créditos, de modo a tentar fazer valer os seus privilégios antes da eventual precipitação da falência, que determinaria a sua caducidade;
— os demais credores comuns, enfim libertos da limitação decorrente dos privilégios em termos de perspectivas reais de recebimento dos seus créditos, terão maiores incentivos a intervir — ou mesmo desencadear — processos de falência, atenta a melhoria da sua posição relativa;
— parece razoável supor que os grandes beneficiados com a alteração virão, contudo, a ser os credores que disponham de garantias reais que não privilégios creditórios «stricto sensu», como invariavelmente sucede, por exemplo com a Banca, a quem será, em consequência do desaparecimento daqueles em seguimento da falência, deixado um espaço claramente maior para o recebimento eventualmente integral dos seus créditos.

Isto o que tenho como provável, mas que sempre o futuro se encarregará de confirmar ou desmentir.

E com estas breves reflexões termino esta pequena intervenção que acabou, afinal, por exceder em muito o tempo previsto — como com facilidade sucede quando o interesse do tema faz esquecer a inconveniência da demora a que sujeitei esta ilustre assistência.

CONCLUSÕES

CONCLUSOES

1. O projecto de diploma, em discussão pública, apresenta lacunas graves, já que os diplomas regulamentadores, designadamente os aludidos nos arts. 33.º e 133.º do projecto, não são ainda conhecidos, o que impede uma apreciação rigorosa da eficácia e viabilidade práticas de algumas das medidas propostas (processo de recrutamento de estatuto dos gestores e administradores judiciais);

(aprovada por unanimidade)

2. O art. 13.º do projecto é passível de suscitar controvérsia na interpretação, dado o carácter equívoco da sua redacção, já que a letra da norma aponta para a criação de um tribunal especializado que poderá constituir uma tentativa de ressuscitar os antigos *«tribunais de comércio»*, experiência que não se mostrou profícua;

aprovada por unanimidade

3. O art. 870.º, n.º 1 do Código de Processo Civil (conversão da execução em falência) carece também de ser regulamentado, sendo a entrada em vigor da nova lei o momento oportuno para a sua efectivação, pelo que a omissão do legislador se revela preocupante face às dúvidas que as contraditórias decisões jurisprudenciais vêm suscitando;

aprovada por unanimidade

4. Em homenagem à dignidade da profissão de advogado, a lei deveria ter abolido a necessidade de procuração com poderes especiais para o advogado intervir nas assembleias de credores à semelhança do que sucede na maioria das legislações processuais estrangeiras;

aprovada por maioria com um voto contra

5. A extinção dos privilégios creditórios do estado e de outros organismos públicos irá potenciar o aumento de número de falências, já que os credores comuns passarão a ter interesse na liquidação universal decorrente da declaração de falência;

5.1. Sem prejuízo do que consta na conclusão anterior, a extinção dos privilégios creditórios do estado é, não obstante, louvável, podendo e devendo a apontada «apetência» que os credores comuns irão demonstrar pela declaração de falência ser contrariada pela limitação dos privilégios creditórios conferidos pelas normas de direito substantivo que continuarão a vigorar na execução singular;

aprovada por unanimidade

6. A responsabilidade subsidiária dos administradores e gerentes das sociedades, prevista no art. 13.º do Código de Processo Tributário, deveria ter sido objecto de regulamentação específica na nova lei, consagrando-se a sua natureza de obrigação emergente de factos ilícitos e eliminando-se, em consequência, a presunção legal de culpa;

6.1. A necessidade da referida alteração, em particular quando os administradores e gerentes são gestores profissionais, ou seja, não são titulares do capital, decorre ainda da circunstância da extinção dos privilégios creditórios da administração fiscal e demais entidades públicas alargar, em abstracto, o «quantum» de responsabilidade dos administradores e gerentes das sociedades, já que as probabilidades das dívidas em causa serem pagas pelo património social diminuirão de forma significativa;

aprovada por unanimidade

7. O projecto deveria ter consagrado, de forma expressa, o princípio que os administradores de falência que, por força do novo regime legal, transitarão das câmaras para os tribunais, não serão substituídos pelos liquidatários judiciais, a menos que tal venha a ser determinado por decisão judicial, fundamentada, a requerimento dos credores;

aprovada por unanimidade

8. O prazo de sessenta dias fixado no projecto para a substituição dos administradores de falências pelos liquidatários judiciais é demasiado exíguo pelo que o mesmo se irá revelar impraticável em concreto;

aprovada por unanimidade

9. Não é desejável que a nova lei atribua ao juiz do processo competência para a resolução dos aspectos administrativos inerentes à direcção da liquidação, o que irá tornar ainda mais morosa esta fase do processo;

aprovada por unanimidade

10. O art. 48.º, n.º 4 do projecto consagra uma solução discutível, sendo preferível a solução do direito vigente em que não há aprovações automáticas dos créditos e se exige a intervenção activa dos credores, na aprovação, através de deliberação formal tomada na assembleia de credores;

aprovada por unanimidade

11. A decisão do juiz, sobre a reclamação contra a deliberação da assembleia de credores que aprove ou não um crédito, prevista no n.º 3 do art. 49.º do projecto deverá ser recorrível nos termos gerais de direito;

aprovada por unanimidade

12. O projecto dificulta a viabilização das empresas, já que o quórum deliberativo para aprovação do meio de recuperação proposto não só não foi baixado como também foi dificultado;

aprovada por unanimidade

13. O art. 63.º do projecto irá também dificultar a aprovação do meio de recuperação (concordata), uma vez que os titulares dos créditos, com garantia pessoal, deixarão de ter interesse em votar favoravelmente, atenta a circunstância de tal posição fazer extinguir a garantia;

aprovada com 8 votos contra, 13 abstenções e 24 votos a favor

14. O projecto deverá ser também alterado em termos de se consagrar a suspensão das execuções, instauradas contra a empresa não solvente, logo que proferido o despacho liminar de citação;

aprovada por maioria

15. Os prazos processuais previstos no diploma deverão ser encurtados, a fim de permitir que as medidas de viabilização sejam tomadas em tempo útil;

aprovada por unanimidade

16. Não existe no projecto nenhuma norma que traduza um apoio concreto (benefício excepcional) à empresa objecto do processo de recuperação, omissão que evidencia a quase nula disponibilidade do Estado para a renúncia a créditos fiscais futuros em ordem a contribuir para a recuperação da empresa;

aprovada por unanimidade

17. A nova lei deveria ter maleabilizado o regime de pagamento, em prestações, dos impostos aludidos no art. 279.º do Código de Processo Tributário nos casos em que seja aprovada uma das medidas de recuperação previstas no diploma;

aprovada por unanimidade

18. A nova lei deveria também ter consagrado, de forma expressa, o princípio que as dívidas de impostos à fazenda nacional e de contribuições à segurança social, ficarão subordinadas ao mesmo esquema e condições de pagamento que vierem a ser aprovadas pela assembleia de credores em relação ao reembolso da generalidade dos créditos;

aprovada por unanimidade

19. A redacção do art. 119.º, n.º 3 do projecto deverá ser clarificada, de forma a que seja inequívoco que o benefício fiscal consagrado na norma é extensivo a todos os credores e designadamente os abrangidos por todas as categorias previstas no art. 1.º do Código do I.R.S.;

aprovada por unanimidade

20. As soluções consagradas nos arts. 161.º, 162.º, 163.º, 167.º e n.º 2 do art. 169.º do projecto são altamente criticáveis por injustificadamente sacrificarem interesses legítimos das pessoas singulares e colectivas, que tenham celebrados os contratos em causa, em benefício dos interesses da massa falida;

aprovada por unanimidade

Nota: O Advogado, Dr. MATIAS SERRA, participante no encontro, já após a conclusão do Seminário, veio sugerir que fosse proposta a alteração da redacção do art. 153.º do projecto, dados os efeitos perversos da solução adoptada que, ao impedir a compensação, irá possibilitar que a massa falida «possa cobrar os créditos sobre uma empresa sólida e esta se limite a colocar-se na posição de credor comum perante a falida», caso, como com frequência sucede, a massa falida seja, em simultâneo, credora e devedora.

A proposta de conclusão não foi votada pelos participantes no Seminário, pelo que apenas se dá conta da mesma pela questão suscitada ser de uma evidente pertinência.

Execução gráfica
da
TIPOGRAFIA LOUSANENSE, LDA.
Lousã — Julho/1993

Depósito Legal n.º 65763/93

Outros títulos nesta Colecção:

A Tutela Constitucional da Autonomia Privada — Ana Prata
Recursos em Processo Civil — M. de Oliveira Leal Henriques
Do Abuso do Direito — Jorge Manuel Coutinho de Abreu
Participação e Descentralização, Democratização e Neutralidade na Constituição de 76 —
　J. Baptista Machado
A Falsidade no Direito Probatório — José Lebre de Freitas
Direito Bancário – Temas Críticos e Legislação Conexa — Alberto Luís
Temas de Direito das Sociedades — António Caeiro
Usufruto e Arrendamento — O Direito de Usufruto como Alternativa ao Arrendamento —
　António dos Santos Lessa
Droga – Prevenção e Tratamento. Combate ao Tráfico — A. G. Lourenço Martins
O Agravo e o seu Regime de Subida – Estrutura, Funcionamento e Prática do Agravo —
　Fernando Luso Soares
*O Processo Penal como Jurisdição Voluntária – Uma Introdução Crítica ao Estudo do
　Processo Penal* — Fernando Luso Soares
Os Direitos dos Consumidores — Carlos Ferreira de Almeida
Direito do Trabalho e Nulidade do Despedimento — Messias de Carvalho e Vítor Nunes
　de Almeida
Para uma Nova Justiça Penal — Ciclo de Conferências no Conselho Distrital do Porto da
　Ordem dos Advogados.
Temas Laborais — António Monteiro Fernandes
A Convenção Colectiva entre as Fontes de Direito de Trabalho — José Barros de Moura
Despedimentos e Outras Formas de Cessação do Contrato de Trabalho — Carlos Alberto
　Lourenço Morais Antunes e Amadeu Francisco R. Guerra
Intenção e Dolo no Envenenamento — João Curado Neves
A Natureza Jurídica do Recurso – Direito de Anulação — Vasco Pereira da Silva
Conceitos Fundamentais do Regime Jurídico do Funcionalismo Púbico – Vol. I — João
　Alfaia
Estudos de Direito Civil Comercial e Criminal — A. Ferrer Correia
Direitos Fundamentais dos Trabalhadores e a Constituição — João Caupers
O Direito Penal Sexual: Conteúdo e Limites — Karl Prelhaz Natscheradetz
Danos não Patrimoniais – O Dano da Morte — Delfim Maya de Lucena
Problemática do Erro sobre a Ilicitude — Teresa Serra
Cláusulas de Exclusão e Limitação da Responsabilidade Contratual — Ana Prata
Reflexões Críticas sobre a Indignidade e a Deserdação — Branca Martins da Cruz
Estudos de Registo Predial — Jorge Seabra de Magalhães
A Conversão do Negócio Jurídico — Teresa Luso Soares
Contratos Internacionais — Maria Ângela Bento Soares e Rui Manuel Moura Ramos
Arrendamentos Comerciais — M. Januário Gomes
Temas Fundamentais de Direito — M. Bigotte Chorão
Temas de Direito Comercial — Ciclo de Conferências da Ordem dos Advogados do Porto
O Procedimento Administrativo — Paulo Ferreira da Cunha
Temas de Direito de Família — Ciclo de Conferências da Ordem dos Advogados do Porto
Tribunal de Conflitos: Organização, Competência, Poderes e Natureza Jurídica — António
　Augusto Damasceno Correia
Manual de Acidentes de Viação — Dário Martins de Almeida

Constituição e Direitos de Oposição — J. M. Silva Leitão
Crimes de Empreendimentos e Tentativa — Jorge C. Almeida Fonseca
A Relevância Jurídica Penal das Decisões de Consciência — A. Silva Dias
Atendibilidade de Factos não Alegados — Prof. Pessoa Vaz
A Excepção de não Cumprimento do Contrato de Direito Civil Português — José João Abrantes
Sobre os Regulamentos Administrativos e o Princípio da Legalidade — Jorge Manuel Coutinho de Abreu
Trabalho a Favor da Comunidade — Maria Amélia Vera Jardim
Novas Perspectivas de Direito Comercial — Faculdade de Direito da Universidade Clássica de Lisboa
O Novo Código de Processo Penal — Centro de Estudos Judiciários
Estudos de Direito Civil — A. Menezes Cordeiro
A Cláusula de Reserva de Propriedade — Luís Lima Pinheiro
Constituição de Sociedades — Albino Matos
As Operações Comerciais — Curso de Mestrado na Faculdade de Direito de Lisboa — Vários Autores
Assembleias Gerais nas Sociedades por Quotas — Branca Martins da Cruz
Temas de Direito Comercial e Direito Internacional Privado — A. Ferrer Correia
A Tutela dos Interesses Difusos em Direito Administrativo — Luís Colaço Antunes
Filiação — Constituição e Extinção do Respectivo Vínculo — Tomás de Oliveira e Silva
Estudos de Direito Comercial – Vol. I – *Das Falências* — Faculdade de Direito de Lisboa
Nome das Pessoas e o Direito — M. Vilhena de Carvalho
Manual de Juros — F. Correia das Neves
Introdução ao Processo Penal — José da Costa Pimenta
O Subcontrato — Pedro Romano Martinez
Em Tema de Revogação do Mandato Civil — Manuel Januário Gomes
Para um Contencioso Administrativo dos Particulares — Vasco Pereira da Silva
A Confissão, Desistência e Transacção em Processo Civil e do Trabalho — Álvaro Lopes-Cardoso
Legislação sobre Seguros e Actividade Seguradora — Paulo Ventura
A Posição Jurídica do Comprador na Compra e Venda com Reserva de Propriedade — Ana Paula Peralta
O Contrato de Concessão Comercial — Maria Helena Brito
Justa Causa de Despedimento na Jurisprudência — Pedro Cruz
Os Actos Políticos no Estado de Direito — Cristina M. M. Queiroz
A Acção Executiva em Processo Laboral — Álvaro Lopes-Cardoso
Requiem pelo Contrato Administrativo — Maria João Estorninho
Banca, Bolsa e Crédito — António Meneses Cordeiro
Homicídio Qualificado – Tipo de Culpa e Medida da Pena — Teresa Serra
O Crime de Falsificação de Documentos – Da Falsificação Intelectual e da Falsidade em Documento — Helena Isabel Gonçalves Moniz